平凡社新書
773

天空の城を行く

これだけは見ておきたい日本の山城50

小和田泰経
OWADA YASUTSUNE

HEIBONSHA

はじめに――天空の城の歩き方

天空の城とは

昨今、兵庫県の竹田城《たけだ》が「天空の城」として人気を博している。雲海に浮かぶ姿は幻想的で、たしかに「天空の城」と呼ぶにふさわしい。そんな神秘的なところが人気の理由なのであろう。

ただ、竹田城だけが「天空の城」かと言えば、そうではない。戦国時代に存在した城の数は四万とも五万とも言われ、そのほとんどが山城《やまじろ》である。山城は、比高《ひこう》、すなわち麓からの高さがだいたい百メートルを越える山に築かれた城を言う。自然の地形によって守られており、敵からの攻撃を防ぎやすかった。ちなみに、城が築かれた山は、独立した山の場合もあるし、連山の一つの峰に築かれることもある。独立した山であれば、尾根づたいに攻められる可能性はないものの、完全に包囲されたら逃れられない。連山の一つの峰であれば、尾根づたいに攻められる可能性はあるものの、逃亡は可能である。

江戸時代になると、山城の数は減り、比高二十〜百メートルほどの丘陵に築かれた平山《ひらやま》城や、比高二〇メートル以下の平地に築かれた平城が主流となる。山城は戦時には有利であっても、平時での生活には不便だったからである。

ただし、それは、山城が劣っていたことを意味するものではない。単純に、防御を目的とするだけであれば、自然の地形に守られた山城がもっとも堅固であったと言える。江戸時代の平城・平山城も、堀や石垣などを人工的に造ることで防御性を高めたのだった。広大な平地さえあれば、城の周囲に何重もの堀を設けるなど、山城と同等の防御を得ることも可能だったのである。

そのため、江戸時代でも、平地が乏しい山間部では、山城が残っていた。ただし、城の中心は山上ではなく山麓に移り、居館なども山麓に設けられている。

山間にある城で、天然の堀となっている川が流れていれば、気候条件によっては、雲海が発生することになる。平城が「天空の城」になることはあり得ないが、平山城・山城であれば、「天空の城」になりうる。

竹田城に勝らずとも劣らない「天空の城」は、数多い。福井県の越前大野城、岡山県の備中松山城、島根県の津和野城などは、雲海に浮かぶ幻想的な光景を見ることができる。もちろん、雲海が発生しなくても、麓から仰ぎ見る姿に圧倒される城もある。本書では、そんな「天空の城」五〇城を選んで紹介したい。

天空の城の形

城の形は、縄張《なわばり》によって決まった。縄張とは、城内を曲輪《くるわ》と呼ばれる複数の区画で区切り、建造物の配置を計画することを言う。当時は、実際に築城工事の場で縄を張り、曲輪を配置していったらしい。

曲輪は、戦国時代には、中心となる曲輪を本曲輪と言い、城外に向かって二の曲輪、三の曲輪などと言ったが、江戸時代には、本丸・二の丸・三の丸と呼ばれるのが一般的となる。江戸時代の城の曲輪の名前は絵図などに残されているが、戦国時代の曲輪の名前については わからないことのほうが多い。江戸時代の絵図に記されている場合もあるが、後世の伝承をもとにしていると考えられる。戦国時代の曲輪の名前は、ほぼ後世につけられたものだと見ておいたほうがいいだろう。

山城の場合、最高所に本丸をおくと、二の丸・三の丸が尾根状に連なる。三の丸が攻略されたら二の丸で、二の丸が攻略されたら本丸で防御することになっているため、直接、本丸に到達することはできない。万が一、敵に攻められた場合には、三の丸や二の丸を死守している間に、後詰《ごづ》めと呼ばれる援軍を待ったのである。後詰めが来るまでに本丸が落とされれば落城となり、降伏勧告を受け入れれば開城となる。後詰めが来るまで本丸を守りとおすことができれば、敵を退却させることもできた。

曲輪を区分するのが堀であり、堀には水をたたえている水堀《みずぼり》と、水をたたえていない空《から》堀《ぼり》がある。ただし、地形的な制約で、山城では堀のほとんどは空堀である。その空堀も、水平に掘られたものを横堀《よこぼり》といい、垂直に掘られたものを竪堀《たてぼり》と言う。竪堀が連続している場合は畝状《うねじよう》竪堀などと呼ばれ、上から大石などを落として、敵が斜面を上ってくることができないようにした。なお、尾根を遮断するのが堀切《ほりきり》で、堀切は竪堀につながっていることもある。

曲輪の周囲は、土を盛り重ねた土塁《どるい》や、石を積んだ石垣で防御されていた。当時は三間半（約七メートル）の長鑓《ながやり》を用いていたため、城内の動きを知られないよう、土塁・石垣の上には塀《へい》を建て、七メートルもの高さにしている。なお、竪堀に沿って設けられた土塁や石垣もあり、こうした土塁や石垣は、竪土塁《たてどるい》、竪石垣《たていしがき》（登石垣《のぼり》）と言う。

曲輪と曲輪は、橋で結ばれていた。有事の際に、木橋を落とせば、敵は侵入できなくなる。当時の木橋は現存していないので、城跡によっては推定復元された木橋が架けられている場合もある。このほか、地面でつながる土橋もあり、当時の土橋が残っている山城も多い。

曲輪には、出入口が設けられていて、「虎口《こぐち》」と言う。虎口は、もともと「小口」と言っていたのを「虎口」と表記したものである。城に出入口を設けなければ、敵に攻め込まれることはない。しかし、万が一敵に包囲されたとき、籠城したからといって、勝てるわけではなかった。そのため、敵を引きつけながら、打って出て、敵に攻撃をしかけなければならない。

出入口は、味方の移動には都合よく、その反面、敵の侵入を阻むのが理想であった。そうして発展した結果、枡形《ますがた》が設けられるようになっている。枡形は、城内側と城外側にそれぞれ門を設けた空間であり、門を同時に開けない限り、敵がなだれ込んでくることはない。味方が城から打って出るときも、敵に知られずに軍勢を集めておき、枡形から出陣した。

城の出入口は、表口を大手《おおて》口《ぐち》と言う。もともとは追手《おうて》口《ぐち》と言い、籠城時に敵を追い詰めるところである。戦闘を追手口に集中させながら、裏口から城兵を回り込ませて攻撃した。裏口は、敵を搦《から》めとる意から搦手《からめて》口と言う。

力攻めは、こうした大手口・溺手口を突破するか、あるいは、防備の手薄な曲輪をねらって攻撃する方法で行われた。

天空の城の歩き方

山城の魅力は、何と言っても、当時の遺構が残っているところにある。これが平城や平山城であれば、城跡はほとんど破壊されていて、遺構が消滅していることが多い。平城や平山城で遺構が残っているのは、ごくわずかな江戸時代の城だけである。ぜひ、実際に山城に行って、ご自分の目で見てほしい。当時と同じ景観も楽しめるとなると、山城くらいしかないであろう。

実際に、山城を上る方法は、いくつもある。と言うのも、登城道がいくつもあるからだ。大手口からの大手道や、搦手口からの搦手道など、ほかにもある。できる限り、当時の大手道や搦手道を通るルートを紹介したいところだが、当時の登城道が廃絶していることも少なくない。その場合は、やむを得ず、近代になって設けられた登城道を利用することになる。

当時の登城道から上れば、それは当時の景観とほぼ同じである。ただし、遺構は、風化しており、当時のままというわけではない。土塁は崩れているし、空堀は埋まっている。土塁は、復元整備をされているのでなければ、現状よりも高かったはずである。さらに、土塁や石垣の上には塀も建てられていたので、そうしたことも想像しながら見てみたい。

空堀も、崩れた土塁の土などで埋まっており、復元整備されていないのであれば、現状より一〜一・五メートルは深かったと考えたほうがいいだろう。

曲輪も、城外側から次第に中心部に入り、最後に本丸へと到達するように想定してみた。城歩きの楽しみは、いかに本丸に到達できるかにあると思っている。

曲輪を通って本丸に向かう途中には、ところどころに井戸や池がある。当時は、何よりも水の確保が重要であったから、こうした水源の場所も確認しておきたい。

山城歩きに大切なのは、何よりも想像力である。当時の様子に思いを馳せながら登城道を歩く——そんな楽しみを、本書で少しでも味わっていただければと思う。

本書で取り上げる山城

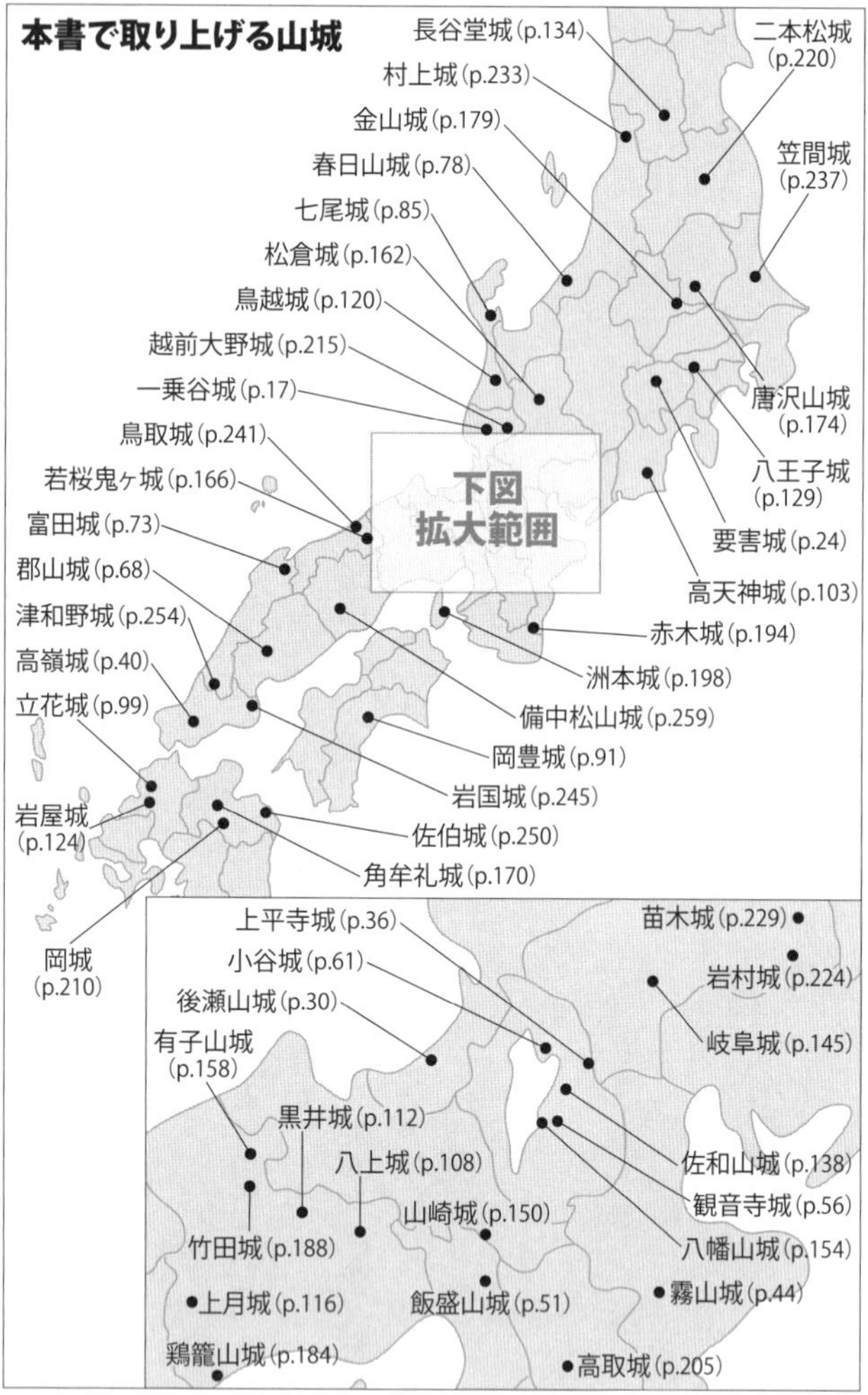

長谷堂城(p.134)
二本松城(p.220)
村上城(p.233)
金山城(p.179)
笠間城(p.237)
春日山城(p.78)
七尾城(p.85)
松倉城(p.162)
鳥越城(p.120)
越前大野城(p.215)
一乗谷城(p.17)
唐沢山城(p.174)
鳥取城(p.241)
八王子城(p.129)
下図拡大範囲
若桜鬼ヶ城(p.166)
富田城(p.73)
要害城(p.24)
郡山城(p.68)
高天神城(p.103)
津和野城(p.254)
赤木城(p.194)
高嶺城(p.40)
洲本城(p.198)
立花城(p.99)
備中松山城(p.259)
岡豊城(p.91)
岩屋城(p.124)
岩国城(p.245)
佐伯城(p.250)
角牟礼城(p.170)
岡城(p.210)
上平寺城(p.36)
苗木城(p.229)
小谷城(p.61)
岩村城(p.224)
後瀬山城(p.30)
岐阜城(p.145)
有子山城(p.158)
黒井城(p.112)
八上城(p.108)
佐和山城(p.138)
観音寺城(p.56)
山崎城(p.150)
竹田城(p.188)
八幡山城(p.154)
上月城(p.116)
飯盛山城(p.51)
霧山城(p.44)
鶏籠山城(p.184)
高取城(p.205)

天空の城を行く●目次

第五章　江戸期の城——山城の時代から平城の時代へ

行程などは実際に歩いた時点のものをもとにしております。刊行後変更になっている場合がありますので、実際に歩く場合には、事前に現地機関にご確認ください。

図版作成＝明昌堂

第一章　詰の城

——守護大名が籠城した最後の砦

室町幕府によって諸国に派遣された守護は、もともと、治安を守る軍事・警察権が与えられているにすぎなかった。古来、諸国の統治を担う国衙《こくが》に、朝廷から国司が派遣されていたからである。しかし、勢力を拡大した守護は、やがて国司の権能を奪い、領国支配を進めていった。

その守護が領国統治のためにおいたのが、守護所である。守護所は、守護の居館であると同時に、政庁であったと言えよう。守護の居館の大きさは、だいたい二町（約二二〇メートル）四方、あるいは一町（約一一〇メートル）四方となっていて、堀や土塁に囲まれていた。こうした居館は、京都の室町殿を模範としたものである。室町殿とは、室町幕府の三代将軍足利義満によって建てられた室町将軍の邸宅のことで、庭園に多くの花を植えていたことから「花の御所」とも呼ばれている。

各地の守護は、守護所を構える際、あえて室町殿を模倣していた。それは、幕府の権威を背景に、支配の正当性を示そうとしたからにほかならない。守護所の存在こそが、守護に従う国人（在地領主）との差を明確にしていたのである。

ただし、守護所の居館では、まったく防御に適さない。そのため、守護所の近くには、有事の際に籠城するための城が築かれていた。これを「詰《つめ》の城」と言う。

一乗谷城

いちじょうだにじょう

福井県福井市
標高　約四四〇メートル
比高　約四〇〇メートル

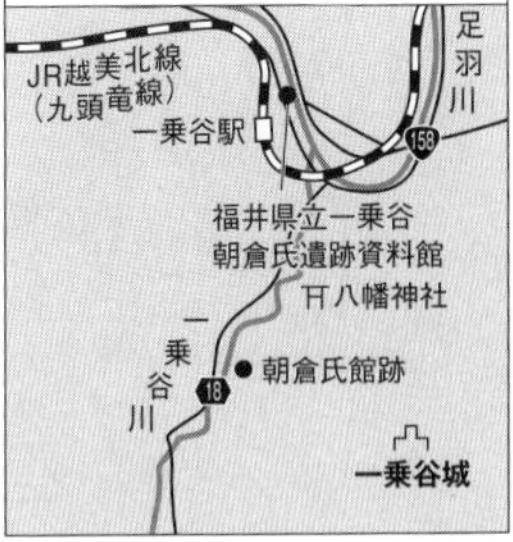

下城戸の巨石

越前《えちぜん》国の戦国大名朝倉氏の本拠として知られる一乗谷は、九頭竜《くずりゅう》川の支流足羽《あすわ》川をさかのぼった山間の地にある。福井駅からはJR越美北《えつみほく》線（九頭竜線）の一乗谷駅で下車し、徒歩で向かう。駅から歩いて最初に目にするのは、城戸《きど》の跡である。城戸とは、城門のことで、一乗谷には谷の南北の出入口にそれぞれ設けられていた。ちなみに、城戸は、政治の中心であった府中（武生《たけふ》）に向かう南側にあるものを上《かみ》城戸と言い、北側にあるものを下《しも》城戸と呼ぶ。駅に近いのは、下城戸である。

下城戸は、巨石を二、三段積み重ねて築いた土塁を食い違いにしているため、直進でき

一乗谷の下城戸跡。直進できない構造になっていることが一目瞭然

ないような構造になっている。現存の土塁は、上部が崩れてしまったために巨石ばかりが目立っているが、当時は高さが約五メートルあり、土塁の外側には幅約一〇メートルの水堀もあったらしい。

詰の城へ

下城戸の内側では、一乗谷川に沿って城下町が広がっており、もちろん、朝倉氏当主の居館もあった。さらには、一乗谷川の東側に位置する一乗城山《いちじようしろやま》に、朝倉氏の詰の城として一乗谷城も築かれている。

一乗谷城には三つの登城道が整備されているが、ここでは、八幡神社の横から上ってみることにしたい。道の両側には、石垣で築かれた家臣団の屋敷地があり、大手であったと

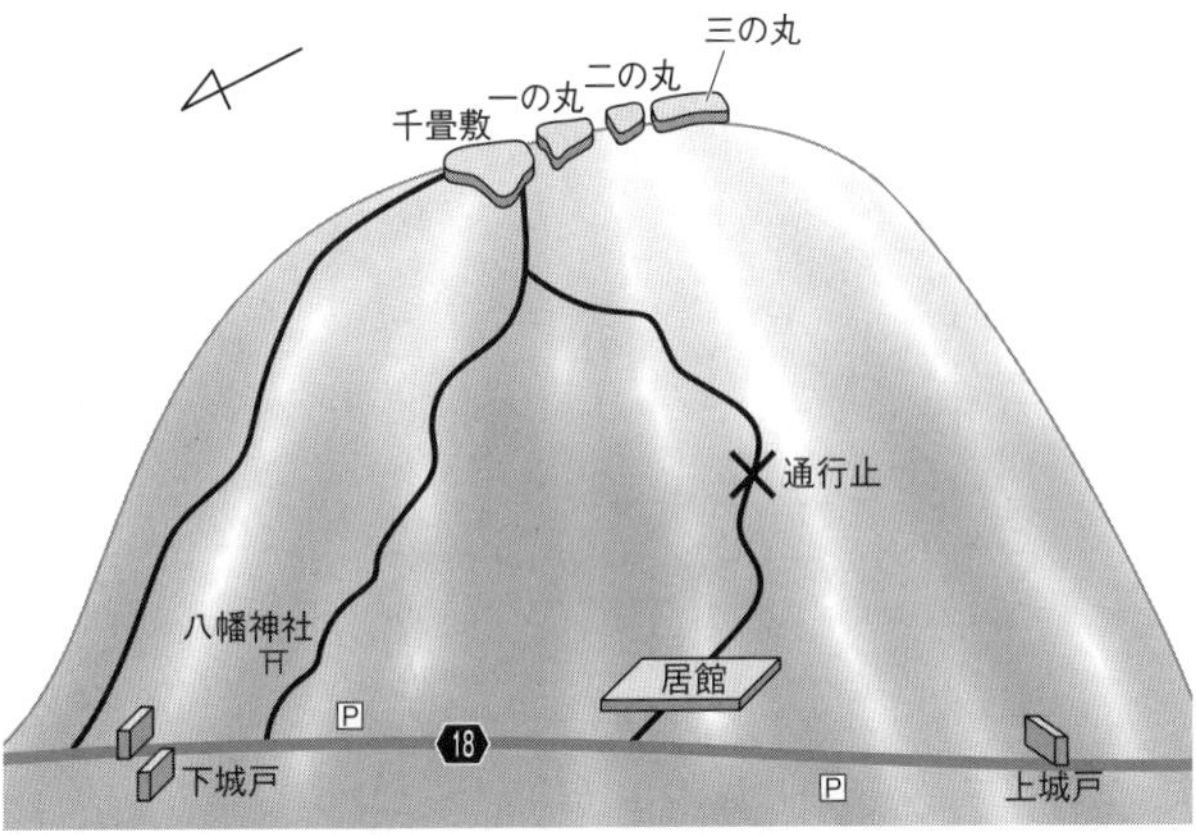

考えられるからである。麓から、六〇分ほど上ると千畳敷《せんじょうじき》と呼ばれる曲輪に着く。この千畳敷よりも高い山頂付近に、一の丸・二の丸・三の丸と呼ばれる曲輪があるので、まずは山頂を目指すことにしよう。ちなみに、一の丸・二の丸・三の丸という曲輪の名前は現在のものであり、当時からそう呼ばれていたわけではない。

通常、曲輪は最高所にある本丸から一段ずつ下げて、二の丸・三の丸と呼ばれているが、一乗谷城の場合は、一の丸・二の丸の順で標高があがり、三の丸が一乗谷城山の頂上に位置している。とは言っても、三の丸がもっとも重要な曲輪だったわけではなく、敵の侵入を阻むため尾根を遮断する堀切によって完全に独立している二の丸のほうがむしろ中心的な曲輪だったらしい。

この一の丸・二の丸・三の丸あたりが、築城当時の一乗谷城の城域だった。それでは、来た道を引き返し、先に通り過ぎた千畳敷に向かおう。

朝倉氏の栄華

朝倉氏は、もともとは越前国の守護ではなく、守護の斯波《しば》氏を支える守護代であった。しかし、応仁・文明の乱で斯波氏が衰亡すると、守護代の朝倉孝景《たかかげ》が守護に任じられたのである。その後、朝倉氏は五代百年にわたり、越前国を支配し続けた。

しかし、五代目の義景《よしかげ》のとき、足利義昭を将軍に就けた織田信長と対立し、攻撃されることになってしまう。結果的には、その判断によって滅亡に追い込まれることになるわけだが、義景は、甲斐《かい》国の武田信玄、近江《おうみ》国の浅井《あざい》長政《ながまさ》、摂津《せっつ》国の本願寺などと結び、信長を窮地に陥れていた。信長のほうが敗北していた可能性も、考えられなくはない。

千畳敷は、信長による越前侵攻を想定した義景が増築したものと考えられている。城内でもっとも広い曲輪で、居住空間があったのは間違いないところだろう。千畳敷の北側には、敵の水平移動を阻む竪堀が無数に設けられており、義景が、この場所からの攻撃を嫌っていたことがわかる。

一方、一乗谷を望む南側には、宿直《とのい》跡と呼ばれる曲輪が設けられていた。主君の警備をする家臣が駐屯したところであるらしく、福井平野はもちろん三国湊《みくにみなと》までも遠望できる。織田軍が侵攻してきたときには、まっさきに義景に伝える手はずになっていたはずだ。

義景自身の居館は、宿直跡と千畳敷に挟まれた観音屋敷にあったと考えられている。土塁に囲まれ、防備が厳重だからである。観音屋敷に隣接する一段上には、赤淵《あかぶち》神社跡もある。赤淵明神は、朝倉氏の氏神であるから、実際に赤淵明神が祀《まつ》られていた可能性は高い。義景も戦勝を祈願したのだろうか。

しかし、義景がこの一乗谷城で織田軍を迎え撃つことはなかった。天正元年（一五七三）、小谷《おだに》城（61ページ）を攻められた浅井長政の救援に失敗した義景は、逆に織田軍に追撃されて一乗谷まで敗走したあと、越前大野まで逃れているからである。結局、義景は家臣に裏切られて自刃に追い込まれるが、一乗谷城を守りきるだけの家臣もすでにいなかったのだろう。

朝倉氏の滅亡にともない、一乗谷城は廃城となった。このあと、越前国の中心は、信長の家臣柴田勝家によって、北庄《きたのしょう》、すなわち福井へと移されることになる。

優雅な居館

一乗谷城からの帰りは、直下の居館跡に続く登城路を利用して下っていきたいところであるが、先年の福井豪雨で崩落したため、通行止めとなっている。遠回りにはなるが、いったん、八幡神社まで戻ってから居館跡に向かうとしよう。

居館は、東西約七〇メートル・南北約八〇メートルの方形館であり、室町将軍邸である花の御所を模倣している。守護の権威を示そうとしたわけだが、室町幕府そのものの権威が失墜するなか、守護の権威は大きな意味を持たなくなっていた。結局、一乗谷に侵入した信長によって、居館は城下町とともに焼き払われてしまったのである。これにより、一乗谷の城下町は三日三晩にわたって炎上したという。

当然、御殿などもすべて焼失してしまったので、居館の建物がどのようなものであったのかは、残念ながらわからない。発掘調査で出土した礎石《そせき》が露出展示されているが、これは、礎石のある場所に建物の柱が立っていたことを意味している。ちなみに、居館跡に建てられている唐門《からもん》は、朝倉義景の菩提《ぼだい》を弔うために創建された松雲院《しょううんいん》の山門で、江戸時代中期頃に再建されたものという。

上城戸跡の土塁

さて、居館跡から、さらに一乗川に沿って五〇〇メートルほど南に進むと、上城戸跡がある。上城戸跡は、門跡が破壊されていてどのような形状であったのかがわかりにくいう

上城戸跡には大規模な土塁（写真中央の盛り上がっている部分）が残っている

え、巨石も現存していない。しかし、高さ五メートル・幅一〇〇メートルほどもある土塁は圧巻だ。一乗谷は、この上城戸と下城戸によって守られていたが、結局、織田軍の侵入を食い止めることはできなかった。

ここから、来た道を引き返して一乗谷駅に向かうとしよう。駅の近くには、福井県立一乗谷朝倉氏遺跡資料館がある。遺跡から出土した遺物だけではなく、一乗谷の復元模型などもあり、ぜひ足を運んでいただきたい。

要害城《ようがいじょう》

山梨県甲府市
標高　約七七〇メートル
比高　約二五〇メートル

甲斐の府中

「山があるのに山梨県」と言われるが、山梨県の県名は、古来の郡名である山梨郡に由来しており、歴史的にも意味がある。ちなみに、山梨郡は「ヤマナシ」という梨の原種が自生していたことから名づけられたとも言われている。

山梨県は、かつては甲斐国と言い、その中心地である府中が甲斐府中、略して甲府である。甲府は、戦国大名武田氏の本拠地であった。最終的な目的地は、詰の城である要害城であるが、まずは駅に近い武田氏の館から訪ねることにしたい。

ＪＲ中央線甲府駅の北口からバスに乗り、「武田神社」で下車する。この武田神社こそ、

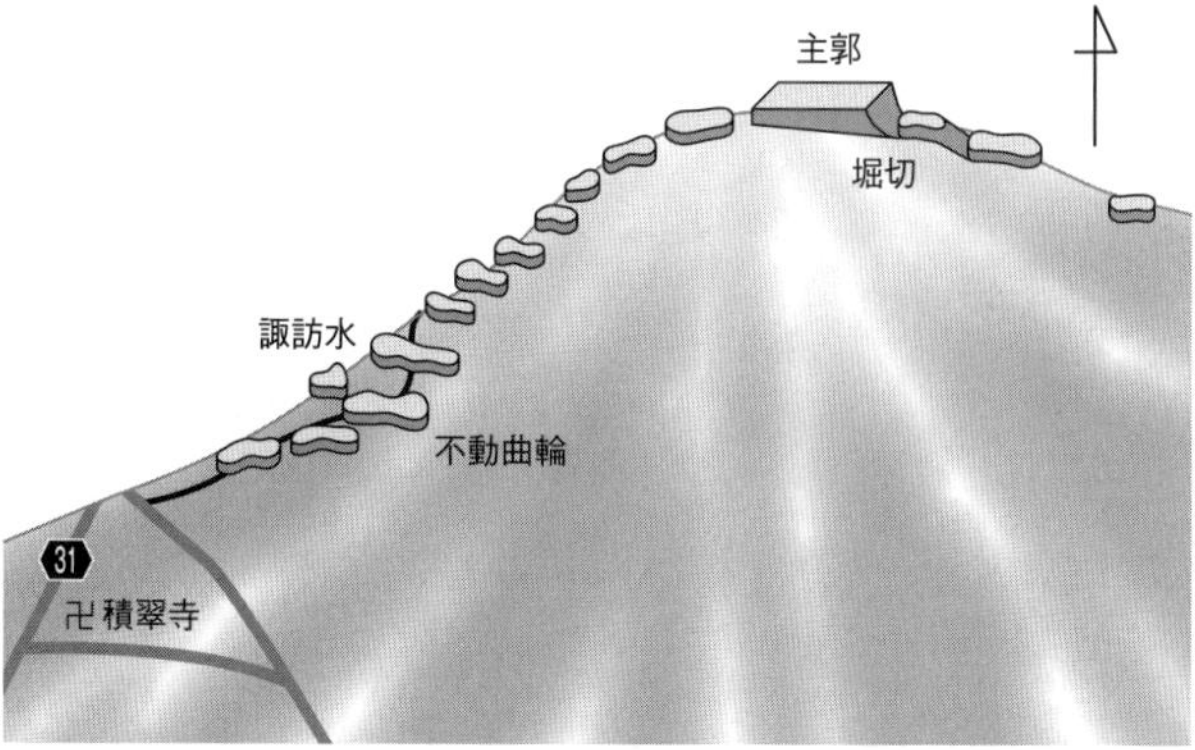

武田氏館の跡である。大正八年（一九一九）、武田信玄を祀る武田神社が、居館跡に創建された。武田氏館は、館の東側にある丘陵の躑躅ヶ崎《つつじがさき》にちなみ、俗に躑躅ヶ崎館とも呼ばれている。

神社になった居館跡

武田神社の参道が南側にあり、参拝客のほとんどがこの参道から入る。しかし、この参道は、武田神社の創建時に新設されたもので、当時のものではない。武田氏の時代の大手は東側にあったので、東側から土橋を渡って居館に入ってみよう。土橋の南側が水堀でも、北側は空堀となっているのは、居館のある場所が、まったくの平地ではないからだ。少しばかりだが傾斜地にあるため、居館からは、南側の甲府盆地を一望できるようになっている。

神社の社殿のあるあたりが主郭《しゆかく》となる。ちなみに、現在、居館跡は東西約二九〇メートル・南北約二〇〇メートルもある。しかし、永正十六年（一五一九）、武田信玄の父信虎《のぶとら》が石和《いさわ》から甲府に居館を移したときには、室町将軍の花の御所を模した形の方形館であったらしい。武田氏は、戦国大名とは言え絶対的な権力を持っていたわけではなく、国内に割拠する一族家臣との力の差はほとんどなかった。実際、武田氏の支配下にあったのは甲府盆地を中心とする国中《くになか》地方だけで、相模川上流域の郡内《ぐんない》地方は小山田《おやまだ》氏、富士川下流域の河内《かわうち》地方は穴山《あなやま》氏の支配下にあったとの指摘もある。

武田氏は、天正十年（一五八二）、信玄の子勝頼《かつより》のとき、織田信長に攻め込まれて滅亡してしまった。その後、武田氏の居館に入った信長の家臣河尻秀隆《かわじりひでたか》は、本能寺の変後の混乱で武田氏の遺臣に殺されてしまう。結局、甲斐国は徳川家康の支配下におかれ、家康の家臣平岩親吉《ちかよし》が入った。居館も、この平岩親吉によって石垣を用いた城郭に改修・増築されたようである。

詰の城へ

一通り、居館を見たら、東北約二・五キロに位置する詰の城である要害城に行ってみよう。バスなら「積翠寺《せきすいじ》」行きのバスに乗り終点「積翠寺」で下車すると、徒歩約一五分で登城道の入口に着く。

要害城は、標高約七七〇メートルの丸山の山尾根の先端に築かれている。その西端から上ることになるのだが、山上の主郭までは八つの城門跡がある。それぞれの城門跡は石垣で構築されているが、これは武田氏の滅亡後に甲府に入った平岩親吉が改修したものらしい。武田信玄は「人は城、人は石垣、人は堀、情けは味方、仇は敵なり」(『甲陽軍鑑《こうようぐんかん》』)の言葉で知られているが、実際、築城に石垣を多用したわけではなかった。

途中、敵兵が斜面を移動することを阻むために設けられた竪堀なども観察しながら主郭に向かうが、主郭に近づくほど城門跡は厳重となる。直進することができないので、何度も左右に折れ曲がって上っていくことになり、実際の戦闘時であれば、ほとんどの兵は助からなかったであろう。スピードが遅くなったところを、さまざまな方向から攻撃を受けることになるからである。

信玄が生まれた場所なのか

こうして八つ目の城門跡を過ぎると、ようやく主郭に着く。主郭は東西約七三メートル・南北約二二メートルの長方形で、山城の主郭としてはかなり広い。曲輪の周囲は土塁で囲まれ、尾根続きの東側は堀切《ほりきり》で遮断されている。

この主郭には、「武田信玄公誕生之地」の碑が建てられている。武田信玄の父信虎が、居館を石和から甲府に移したころ、武田氏は甲斐一国を完全に掌握していたわけではなかった。信虎に抵抗する領主もおり、そうした混乱に乗じて、大永元年（一五二一）、駿河の今川氏親《うじちか》が軍勢を送りこんできたのである。信虎は妊娠していた正室を要害城へ避難させたのだが、こうして誕生したのが信玄である。

ただ、実際に生まれた場所については、山麓の積翠寺とも言われている。帰りには、ぜひ、積翠寺もお参りしていきたい。積翠寺には、信玄の産湯をくんだとの伝承もあり、境内には「機山武田信玄公誕生之寺」の碑もある。

武田氏の滅亡

天正三年（一五七五）の長篠《ながしの》・設楽原《したらがはら》の戦いで織田信長に敗れた信玄の子勝頼は、早くも要害城の改修を命じている。万が一、織田軍が甲斐国に侵攻してきた際には、要害城で迎え撃つつもりだったようである。

しかし、要害城は、あくまでも詰の城であり、長期の籠城には適さない。そこで勝頼は、天正九年（一五八一）、韮崎《にらさき》に新たな居城を築き、甲府から移る。新たに築城した城は、甲府に代わる新たな府中という意味で「新府《しんぷ》」と名づけられた。この命名には、甲府の武田氏館と要害城を捨てるという不退転の決意が込められていたのだろう。

しかし、天正十年（一五八二）、織田信長の甲斐侵攻を受けた勝頼は、未完成の新府城に籠城することを諦め、郡内地方の小山田氏のもとに逃れようとした。だが、頼みとしていた小山田信茂に裏切られ、結局、自害に追いこまれてしまう。こうして武田氏は滅亡し、その後、豊臣政権下において新たに甲府城が築かれたため、要害城は、武田氏館とともに廃城になっている。

帰りには、甲府城も見ておこう。JR甲府駅南口から歩いてすぐである。なお、駅前では、武田信玄の銅像がにらみをきかせている。

後瀬山城

のちせやまじょう

福井県小浜市
標高　約一七〇メートル
比高　約一四〇メートル

若狭守護の城

現在の福井県は、かつての越前国と若狭《わかさ》国で構成されている。しかし、現在も旧越前国を中心とする北部を嶺北《れいほく》地方、旧若狭国を中心とする南部を嶺南《れいなん》地方と呼ぶように、気候や風土は大きく異なる。若狭国は室町時代、将軍足利氏の一門一色《いっしき》氏の守護領国であったが、一色氏の没落後、武田氏が守護となっていた。この武田氏は、安芸《あき》国の守護であった武田氏の流れをくんでおり、もともとは甲斐国の武田氏と同族である。

応仁・文明の乱後、畿内では幕府の実権をめぐる管領細川氏の家督争いが続いており、武田氏もその混乱に巻き込まれていた。そうしたなかで、永正十六年（一五一九）に若狭

後瀬山城

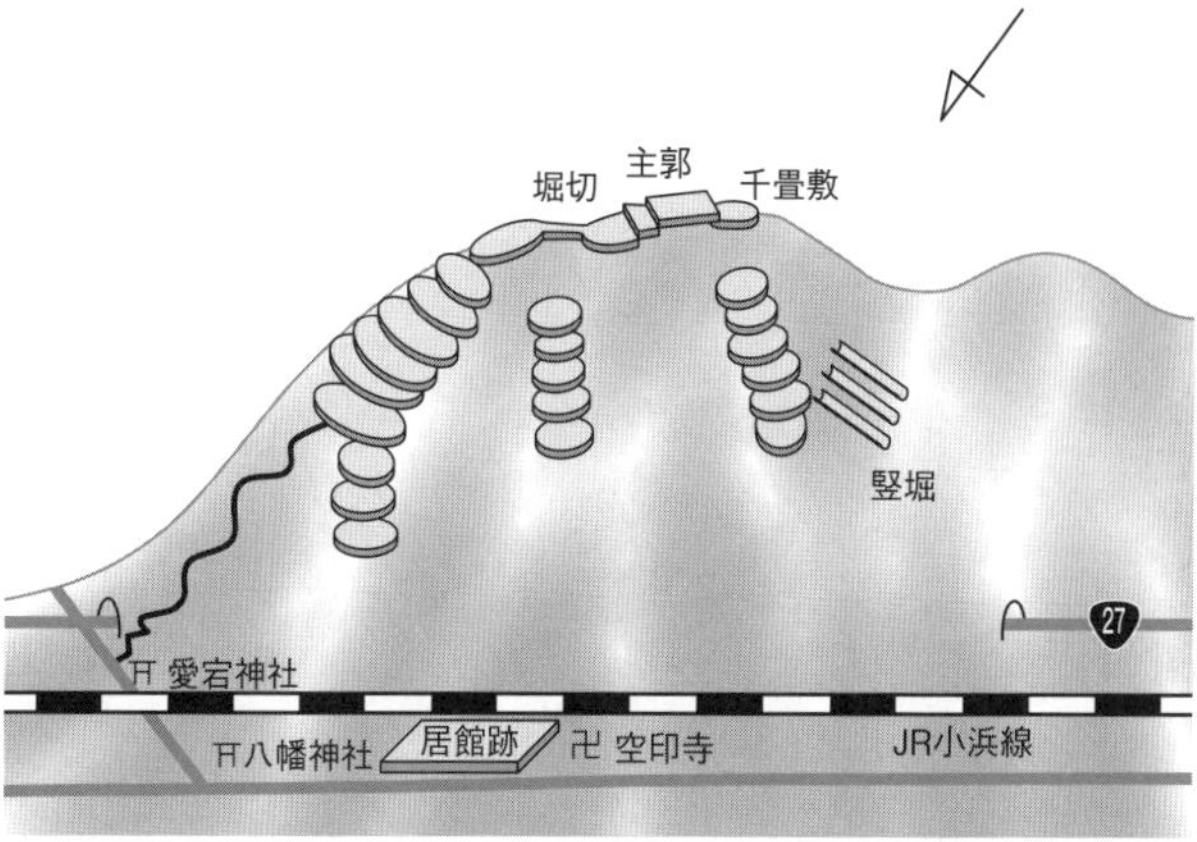

守護となった武田元光《もとみつ》は、防備を固めるべく守護所として後瀬山城を築き、その麓に居館を構えたのである。

尾根に連なる曲輪群

　後瀬山城は、JR小《お》浜《ばま》線小浜駅を出ると西側に見えるのですぐわかる。そして、西に三百メートルほど行けば、登城道のある愛宕《あたご》神社の鳥居に着く。後瀬山城の主郭に愛宕神社があるため、その参道として整備されているものである。鳥居をくぐって石段を上っていけば、二〇分くらいで尾根上の曲輪群に出る。後瀬山城は、かなり急峻な山に築かれているため、曲輪はこうした尾根伝いに点在していた。

　曲輪群を進むと堀切があり、その向こうに主郭がある。堀切は、尾根を遮断して曲輪を守っているもので、有事の際には主郭を守る最終ラインになるはずのところだった。この主郭手前の堀切には土橋が架けられているので、この土橋を渡って主郭に入ってみよう。

主郭は、南奥に向かって三段に区分されている。奥の二段はそれぞれ石垣で築かれているが、石垣そのものは武田氏の時代のものではない。武田氏の時代には、曲輪の周囲は主郭も含め、土塁に囲まれていたものと思われる。

武田氏の滅亡

永禄十一年（一五六八）、時の当主武田元明《もとあき》は、越前国の朝倉義景による侵攻を受けて降伏し、後瀬山城は実質的に朝倉氏の属城とされてしまった。その後、朝倉義景が織田信長によって滅ぼされると、若狭は信長の家臣丹羽長秀《にわながひで》の支配下におかれることになる。

朝倉氏の滅亡によって自立を果たした元明であったが、実権を丹羽長秀に握られているのが不満であったらしい。天正十年（一五八二）の本能寺の変で信長が明智光秀に討たれると、武田元明は畿内の平定に乗り出した光秀に従い、丹羽長秀の居城である佐和山《さわやま》城（138ページ）を落としたのである。このため、直後の山崎の戦いで光秀が羽柴秀吉に敗れると、秀吉の命によって殺されてしまう。こうして、若狭守護武田氏は、後瀬山城を居城としてから四代で滅亡したのである。

このあと、後瀬山城には浅野長政、続いて木下勝俊《かつとし》（木下長嘯子《ちょうしょうし》）が入った。主郭の石垣は、そのころに築かれたものであるらしい。

浅野長政は秀吉の正室お禰《ね》の義弟で、豊臣政権では五奉行の一人になっている。木下勝俊は、お禰の甥としてやはり秀吉に重用されていた。秀吉は、小浜を押さえる後瀬山城を重視していたのだろう。当時の小浜は、海上交易の要地であり、後瀬山城の主郭からは小浜湾を一望することもできる。だからこそ、わざわざ信頼できる親族を城主としたにちがいない。

慶長五年（一六〇〇）の関ヶ原の戦いのとき、木下勝俊は徳川家康の東軍に従って伏見城に入ったものの、西軍による攻撃が開始される前に退去してしまう。このため、勝俊は除封《じょほう》となり、代わりに大津城で西軍を食い止めた京極高次《きょうごくたかつぐ》が加増されて入った。この高次が新たに小浜城を築いたため、後瀬山城は廃城となる。ちなみに、主郭に鎮座する愛宕神社は、京極氏の時代に勧請《かんじょう》されたものである。

庭園まであった山上の御殿

主郭を十分に堪能したら、足をのばして、一段下の千畳敷に下りてみよう。主郭の南面は堀切で遮断されているが、この堀切の南西側に千畳敷がある。庭園の遺構もあり、山上における城主の御殿が建てられていたらしい。

この千畳敷からは、発掘調査によって礎石や瓦が見つかっている。それはつまり、礎石を必要とする柱のある建物が存在し、その屋根には瓦が葺《ふ》かれていたということだ。こうした瓦と礎石は織豊期の城から採用されるものなので、現在の遺構は、浅野・木下氏の時代のものであるのは確かだろう。しかし、武田氏の時代にも、何らかの形で御殿が存在していた可能性は高い。

なお、千畳敷から北西にのびる尾根には竪堀が多く設けられている。後瀬山城の南西方向は緩やかな傾斜になっているため、敵の水平移動を阻むための竪堀で防御を固めているわけである。

広かった山麓の居館

それでは、千畳敷から来た道を引き返し、最初に石段を上った愛宕神社の鳥居まで戻るとしよう。愛宕神社の鳥居からは、後瀬山を迂回《うかい》しながら空印寺《くういんじ》に向かいたい。空印寺は、京極氏のあとに小浜藩主となった酒井氏の菩提寺で、武田氏の時代に山麓の居館がおかれていた中心地とされている。

ちなみに、方形の居館はかなり広く、東西約一一〇メートル・南北約一二〇メートルの規模があったらしい。後瀬山に面する一方を除いた三方に水堀をめぐらせていたことも、発掘調査から判明している。こうした形は、言うまでもなく花の御所を模倣したものである。

空印寺をお参りしたあとは、酒井氏が幕末まで城主をつとめた小浜城を見て帰るとしよう。

上平寺城

じょうへいじじょう

滋賀県米原市
標高　約六七〇メートル
比高　約三八〇メートル

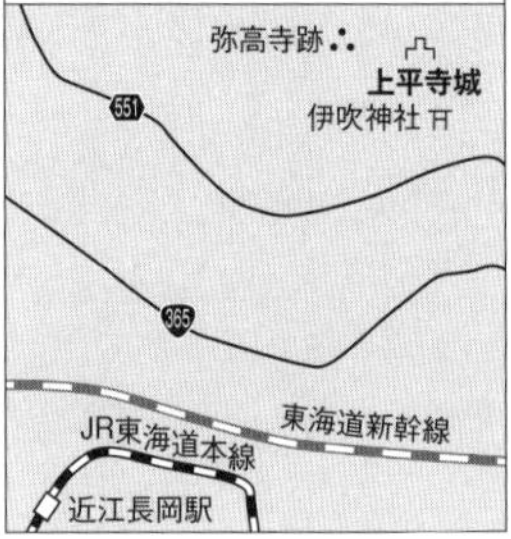

北近江の名門京極氏

北近江《おうみ》に勢威をもった京極氏は、南近江の近江守護の六角《ろっかく》氏とは同族で、室町時代には、飛騨《ひだ》国・出雲《いずも》国・隠岐《おき》国などの守護をつとめていた。しかし、応仁・文明の乱で室町幕府が弱体化すると、家督争いを引き起こしてしまう。家督の継承に干渉する将軍の権威が失墜したことにより、実力で家督を継承する環境が生じていたからである。

そうしたなか、京極氏の家督を認められた京極高清《たかきよ》が、永正二年（一五〇五）、伊吹《いぶき》山の南に位置する苅安尾《かりやすお》に新たな居城を築く。これが上平寺城である。城の名は、伊吹山四か寺のひとつである上平寺の寺域にあることにちなむ。築かれた尾根の名前から、苅安尾

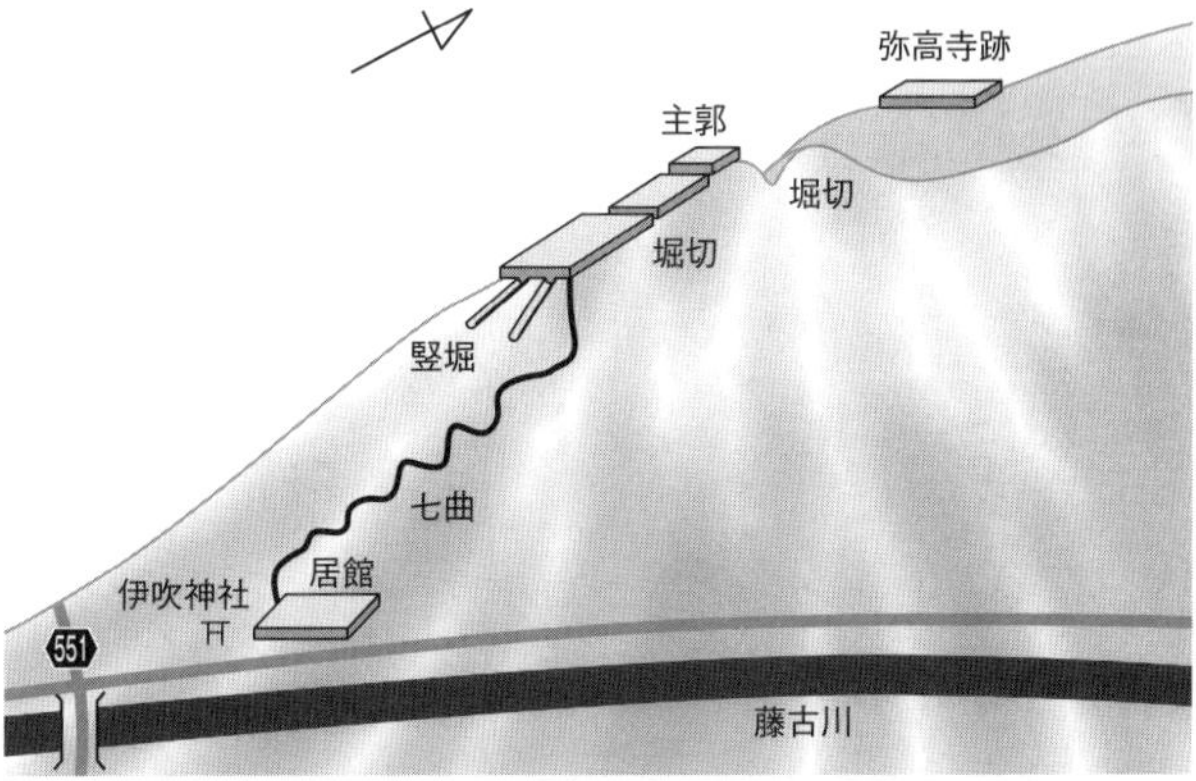

城と呼ばれることもある。

守護の館

上平寺城は、美濃国との国境に近い、標高六六六メートルの高地に築かれている。JR東海道本線近江長岡駅からバスに乗って「上平寺」で下車し、しばらく歩くと伊吹神社に着く。ここに、かつては京極氏の居館が構えられていた。

伊吹神社一帯には、京極氏一族や重臣の屋敷も構えられていたらしい。最奥にあたる北側に位置する当主の居館は、東西約三五メートル・南北約五四メートルあり、庭園まで設けられていた。室町将軍の花の御所にならったものである。

濃尾《のうび》平野を遠望

この居館跡から、詰の城である上平寺城に向かおう。山麓から、七曲《ななまがり》と呼ばれる急な登城道を五〇分ほど上ると山上に着く。上平寺城は、尾根を切断する堀切によって北側の主郭を中心とする曲輪群、真ん中の曲輪群、南の曲輪群に区画されており、登城道は南の曲輪群につながっている。

南の曲輪群は、東西約五〇メートル・南北約一〇〇メートルの広さがあり、上平寺城では最大の曲輪群となっている。南端の斜面には竪堀が設けられており、ここからの攻撃を想定していたことがわかる。

南の曲輪群から北に進むと、堀切があり、真ん中の曲輪群に至る。ここは、土塁に囲まれた曲輪が連なっており、これらの曲輪を越えた先に主郭がある。主郭の北側には幅約二〇メートルの堀切を設けて遮断し、一人がやっと通れるほどの土橋を架けている。

主郭からは、濃尾平野はもちろん、名古屋のツインタワーも遠望できる。眼下には北国街道が通り、北近江の統一を図った京極高清がこの地に築城をしたのもうなずける。

西に隣接する尾根上には、弥高寺《やたかでら》跡も見える。弥高寺は、「弥高百坊」と呼ばれたほどの勢力をもった山岳寺院で、上平寺城の支城としての役割を担っていたものである。余力があれば、弥高寺跡まで足をのばしてみたい。

没落した京極氏

上平寺城を築いた京極氏の栄華は、長く続かなかった。京極高清自身の後継争いが起こってしまったからである。高清は、近臣上坂《こうさか》信光が推す次男高吉《たかよし》に家督を譲ろうとするが、これに対し、高清の長男高広《たかひろ》を推す浅井《あざい》亮政《すけまさ》が反発した。結局、大永三年（一五二三）、上坂信光は浅井亮政に破れ、京極高清・高吉父子は尾張に亡命せざるを得なくなってしまったのである。これにより、上平寺城は浅井氏の属城となり、近江国と美濃国の境目の城として整備されていく。だが、亮政の孫にあたる長政は、織田信長と対立し、上平寺城を改修したものの美濃国から侵入する織田軍を防ぐことはできず、天正元年（一五七三）に滅亡した。

こののち、京極高吉の子である高次《たかつぐ》・高知《たかとも》兄弟が豊臣秀吉・徳川家康に従って、家を再興した。なかでも高次は、慶長五年（一六〇〇）、関ヶ原の戦いの前日まで大津城で西軍を食い止める功をたて、子孫は讃岐国丸亀藩主となり、幕末に至っている。

高嶺城

こうのみねじょう

山口県山口市
標高　約三四〇メートル
比高　約二九〇メートル

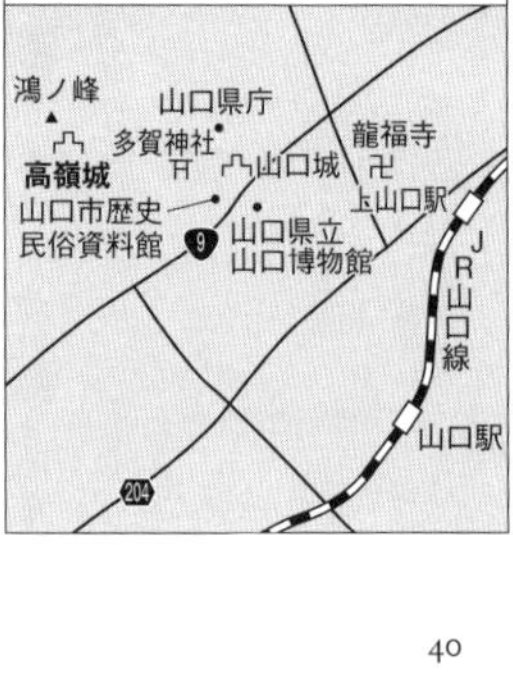

没落する大内氏

戦国時代の山口は、大内氏の城下町として発展し、小京都と呼ばれるほどの繁栄を見せていた。特に大内義隆《よしたか》の時代には、本拠である周防《すおう》国のほか、長門《ながと》国・豊前国・筑前国・安芸国・備後国・石見《いわみ》国といった七か国の守護を兼ね、京都から多くの公家を招いていた。

ところが、天文十二年（一五四三）、義隆は出雲国に尼子《あまご》晴久《はるひさ》を攻めるが失敗し、求心力を失ってしまった。その結果、天文二十年（一五五一）、大寧寺《たいねいじ》の変で重臣の陶晴賢《すえはるかた》に殺されてしまったのである。このあと、陶晴賢によって、大友宗麟《そうりん》の弟にあたる大内義長《よしなが》が名目上の大内氏当主として迎えられている。義長の母が義隆の姉だったからであるが、

高嶺城

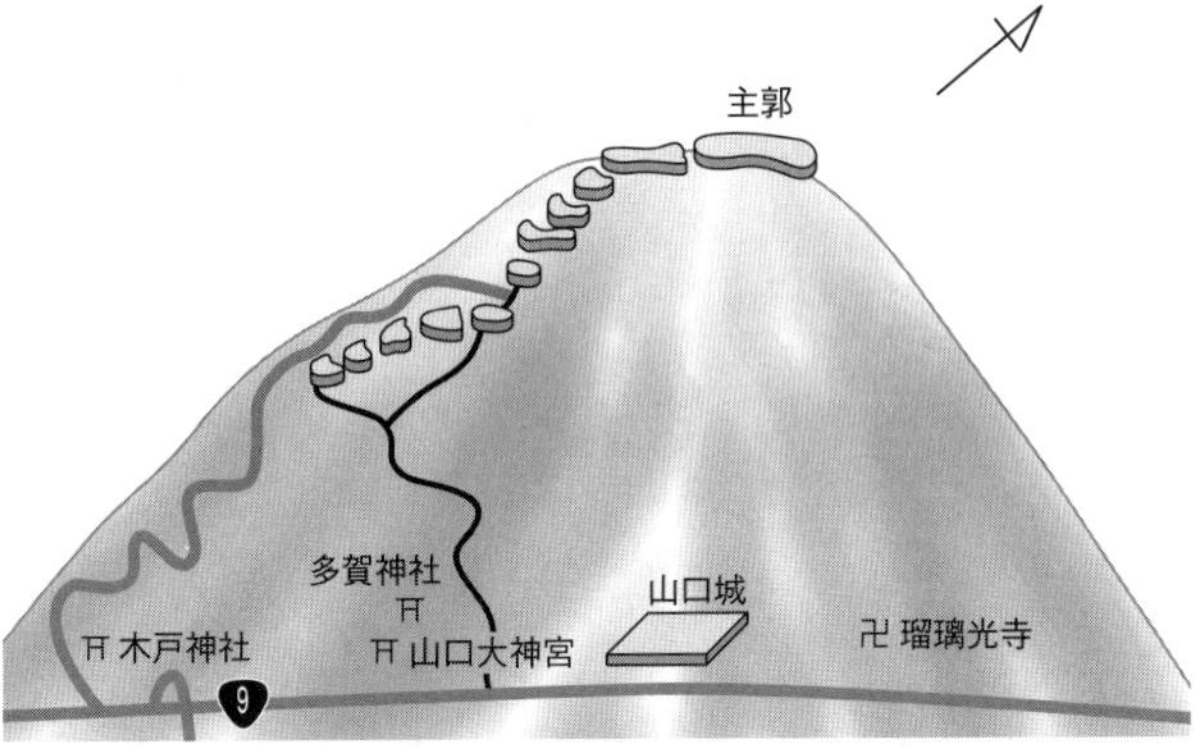

晴賢は当初よりそのつもりで謀反に踏みきったのだろう。

しかし、その陶晴賢も、弘治元年（一五五五）、厳《いつく》島《しま》の戦いで毛利《もうり》元就《もとなり》の攻撃により敗死してしまう。このため、毛利軍による周防侵入に備え、義長は翌年には早くも居館である大内氏館の背後に位置する鴻《こう》ノ峰《みね》に詰の城を築いた。これが高嶺城である。

防備に適さない詰の城

高嶺城へは、JR山口線山口駅より徒歩二五分ほどの多賀神社から登城道が整備されているので上りやすい。車でなら、木戸神社からの道が中腹まで続いている。

毛利軍の侵入に備えて急拵《きゅうごしら》えで築城されたためであろう。城内には、土塁や空堀など、山城に不可欠な防御はほとんど施されていない。ただし、大内氏の家紋が入った瓦などが出土していることから、籠城に備えて瓦葺《ぶ》きの建物まで構築していたのは確かなようである。

実際、弘治三年（一五五七）に毛利軍が周防国への侵入を開始したとき、義長は大内氏館を捨てて高嶺城に籠城した。しかし、家臣が離反したうえ、兵糧も不足してしまう。籠城の不利を悟った義長は、長門国に逃れたものの、再起を図ることもかなわず、結局、長門国の長福寺（現在の功山寺）で自害したのである。

毛利氏による改修

このあと、高嶺城は、周防国を平定した毛利元就によって改修され、毛利氏の属城となった。永禄十二年（一五六九）、大内義隆の従兄弟にあたる大内輝弘《てるひろ》が大友宗麟の支援をうけて山口に侵入したとき、毛利軍はこの高嶺城に拠って大内軍を迎え撃ち、山口を守りきっている。

高嶺城の主郭一帯には石垣が築かれているが、これは毛利氏の時代に改修されたときのものだと考えられている。ただし、具体的にいつ築かれたものなのかは判然としない。慶長五年（一六〇〇）の関ヶ原の戦いで、毛利元就の孫輝元《てるもと》は西軍の総大将として敗れ、周防国・長門国の二か国に減封されてしまう。このとき、密かに高嶺城を石垣をともなう城に改修しようとしていた可能性も否定はできない。いずれにしても高嶺城は、各藩には藩主の居城ひとつだけを認めるという、元和元年（一六一五）の一国一城令をうけ、廃城になったようである。

栄華をしのぶ居館跡

来た道を引き返し、多賀神社まで戻ったら、大内氏館にも寄ってみよう。大内氏館は、大内氏が滅亡するまでの約百年間、大内氏の居館だったところである。義隆の時代には、東西約一六〇メートル・南北約一七〇メートルに拡張されており、守護館としては最大級であったとされている。

居館跡は義隆の菩提寺龍福寺の境内になっているが、これは、義隆の菩提を弔うため、毛利元就の子隆元《たかもと》が居館跡に建てたものである。現在でも土塁や堀などが残り、西門が再建されている。

霧山城

きりやまじょう

三重県津市
標高　約五六〇メートル
比高　約二四〇メートル

国司大名北畠氏

霧山城のある伊勢《いせ》国一志《いちし》郡多気《たげ》は、伊勢国司北畠《きたばたけ》氏の本拠である。北畠氏は、村上天皇を祖とする村上源氏の一族で、南北朝時代、後醍醐《ごだいご》天皇に抜擢された北畠親房《ちかふさ》が南朝の中心として活躍し、子孫は伊勢国の国司に任じられた。

国司は、朝廷が各国を支配するために派遣したものであり、武士が政権を担った鎌倉時代以降は、幕府から派遣された守護に実権を奪われていく。しかし、伊勢では室町時代を通じて国司の北畠氏が勢力を保ち、やがて戦国大名に発展していったのである。ちなみに、国司から戦国大名になったのは、ほかに土佐国の一条《いちじょう》氏、飛騨国の姉小路《あねがこうじ》氏しかいない。

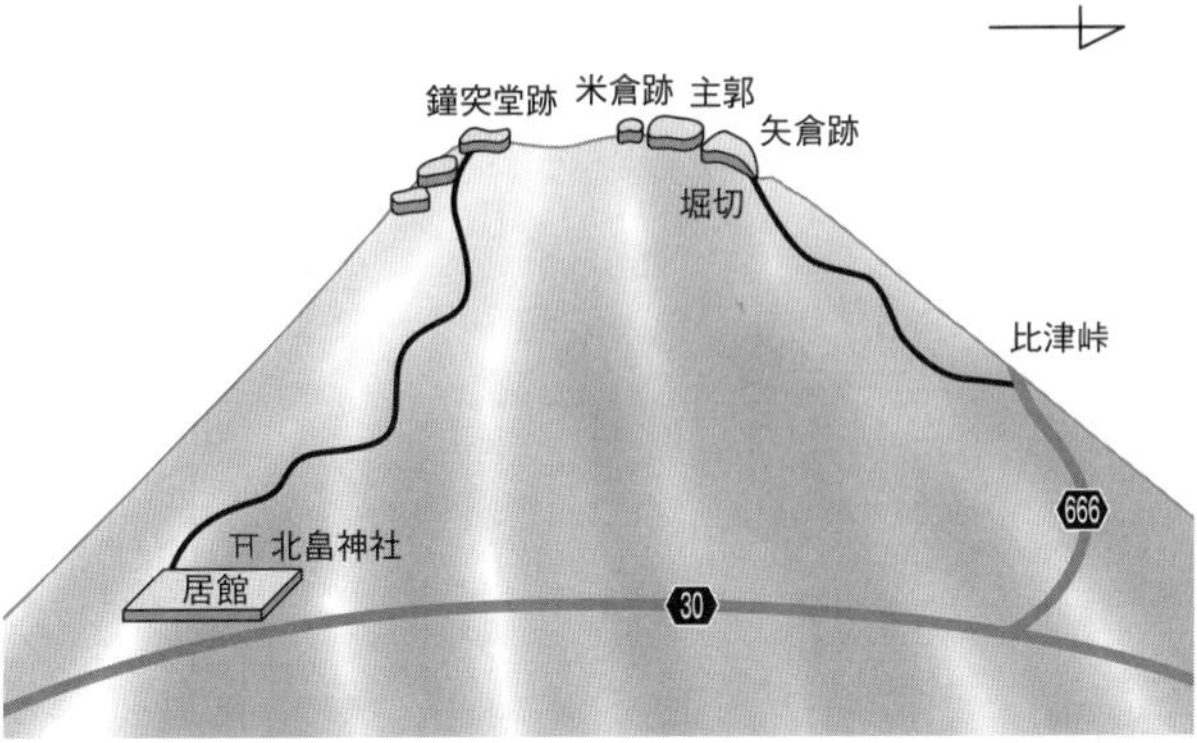

そのため、北畠氏は、一条氏や姉小路氏とともに「三国司」と呼ばれている。

戦国時代の庭園が残る居館跡

多気は、伊勢国とは言っても雲出《くもず》川をさかのぼった伊賀《いが》国との国境に近い山間にある。ただ、四方を山に囲まれた天嶮《てんけん》の地にありながら、伊勢と南朝の行宮《あんぐう》がおかれた吉野にも伊勢本街道でつながっている。南北朝時代の北畠氏にとっては、むしろ利便性が高かったのかもしれない。

多気までは、松阪《まつさか》駅からJR名松線に乗り、伊勢竹原駅で降りたあと、さらにバスに乗って約四〇分の「北畠神社前」で降りる。この北畠神社こそが、北畠氏館があったところである。居館跡の一部は、江戸時代に北畠八幡宮が創始され、現在は北畠神社となっている。

居館は、北畠神社の境内を中心に、東西約一一〇メートル・南北約二〇〇メートルの規模であった。居館には庭園もあるが、戦国時代の庭園が残っているのは珍しい。居館跡と庭園を観たあとは、詰の城に行ってみよう。

堅固ではない詰の城

詰の城は、霧山城と言う。北畠神社脇の登城道を上って約五〇分で、鐘突堂《かねつきどう》跡と呼ばれる曲輪を中心とした曲輪群に着く。こちらの曲輪はいずれも土塁で囲まれておらず、曲輪の周りの斜面を削って切岸《きりぎし》としているにすぎない。

この曲輪から西北に約二〇〇メートル離れたところにあるのが、主郭である。この主郭は土塁に囲まれており、堀切を挟んで北東には、やはり土塁で囲まれた曲輪があり矢倉跡とされる。この曲輪の北東には大きな堀切を設けて、曲輪を防御している。

概して、霧山城は詰の城とは言え、厳重な防備をほどこされてはいなかったと言える。多少の軍勢であれば天嶮の地を利用して迎え撃つこともできたかもしれないが、永禄十二年（一五六九）、北畠具教《とものり》は、織田信長率いる八万の大軍に侵入されてしまう。このとき具教は、霧山城に籠城するのではなく、伊勢湾に近い大河内《おかわち》城に籠城する策をとる。この選択は正しかったと言えるだろう。信長は、結局、大河内城を落とすことができなかったからである。

具教は、一か月以上におよぶ籠城のすえ、信長の次男信雄《のぶかつ》を跡継ぎにするという条件を受け入れて開城した。しかし、天正四年（一五七六）、信長によって具教は暗殺され、事実上、北畠氏は滅亡してしまったのである。

帰りは、来た道を戻ることもできるし、比津《ひつ》峠まで下ることもできる。ちなみに、比津峠までの距離は五〇〇メートルほどしかないが、そのぶんかなり急な山道となっている。

なお名松線は、二〇一五年四月現在、台風被害のため一部不通となっており、伊勢竹原駅手前の家城《いえき》駅から先が代行バスによる運行となっている。

第二章　戦国大名の城

――大規模化する城郭

応仁・文明の乱を機に、室町幕府の勢威は衰えていく。そのため、諸国の守護は、権力の後ろ盾を失ってしまうことになったのである。

そうしたなか、守護に代わって領国支配に乗り出したのが戦国大名だった。戦国大名は、室町幕府からの自立を図るため、自ら検地を行って年貢や税を徴収したほか、領国内にだけ通用する分国法を制定している。

守護のなかでも、幕府からの自立を図って戦国大名となったケースもあるが、かなり少ない。守護は、幕府から在京を命じられていたため、守護代に領国の支配権を握られてしまっていたからである。そのため、在地を掌握している守護代のほか、国人と呼ばれる在地領主から、戦国大名化を遂げている場合が多い。

守護と異なり、戦国大名は、領国内の統治に室町幕府の権威を必要としなかった。そのため、守護のように、室町将軍邸である室町殿を模倣した居館を設ける必然性もなかった。戦国大名が必要としたのは、権力の象徴だったと言っても過言ではない。諸国の戦国大名は、その権力を誇示するかのような巨大な本城を構えていた。

戦国大名は、居城とした本城のほかに、いくつもの支城を築いている。戦国時代に築かれた城の数は、四万とも五万とも言う。

飯盛山城

いいもりやまじょう

大阪府大東市・四條畷市
標高　約三一〇メートル
比高　約三〇〇メートル

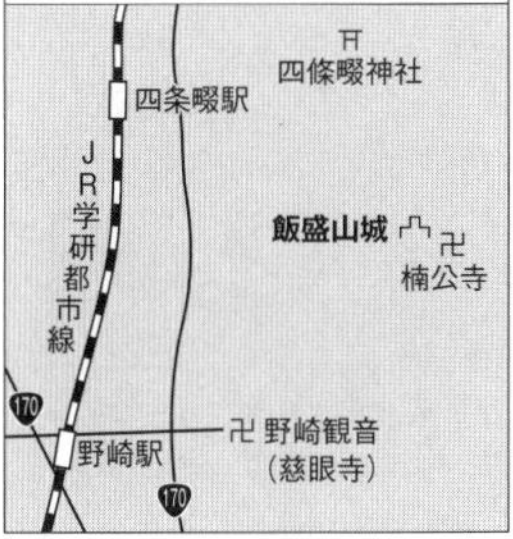

野崎観音から

飯盛山城は、生駒《いこま》山地につながる飯盛山の山上に築かれている。東側は深い谷、北側と西側は断崖という天嶮の要害で、比較的なだらかな南側には出丸などを設けて防御していた。飯盛山城には七〇の曲輪があったとされており、城域も広い。登城道もいくつか整備されているが、上りやすい南側から向かうとしよう。

ＪＲ学研都市線野崎駅から徒歩一〇分ほどで、野崎観音に着く。野崎観音は、大坂商人の信仰を集めた古刹《こさつ》で、正式には慈眼寺《じげんじ》と言う。この野崎観音の裏山には、飯盛山城の南を防御するための出城として野崎城が築かれていた。飯盛山城への登城は、この野崎観音から始まる。登城道は、ハイキングコースにもなっているので歩きやすく、四五分も歩けば、尻池・南池・桜池などの溜池に至る。飯盛山城の主郭まではもうすぐだ。

三好長慶《みよしながよし》の居城

南の丸の城門跡、すなわち虎口を越えると主郭である。この門は、両側が石垣で築かれており、上に建てられた櫓《やぐら》から見張っていたらしい。防御に劣る南側を守るため、かなり厳重な門が設けられていたようだ。

土塁に囲まれた南の丸を越えるとラジオの送信所が目に入る。これが千畳敷である。山麓に居館の遺構が確認されていないことからすると、この千畳敷に城主の居館が設けられていたらしい。

千畳敷から先が、飯盛山城の中枢である。ここから北に進むと、尾根を遮断する堀切があり、土橋が架けられている。この土橋、人がやっと一人通れるほど狭いうえ、食い違いになった堀切にあわせて土橋もやや曲がっている。敵が大軍で押し寄せることができないよう、工夫されているのだ。

土橋を渡りきったところが高櫓《たかやぐら》と呼ばれる曲輪で、飯盛山城の最高所である標高約三一六メートルに位置している。この高櫓には、楠木正行《くすのきまさつら》の銅像が建てられている。楠木正行

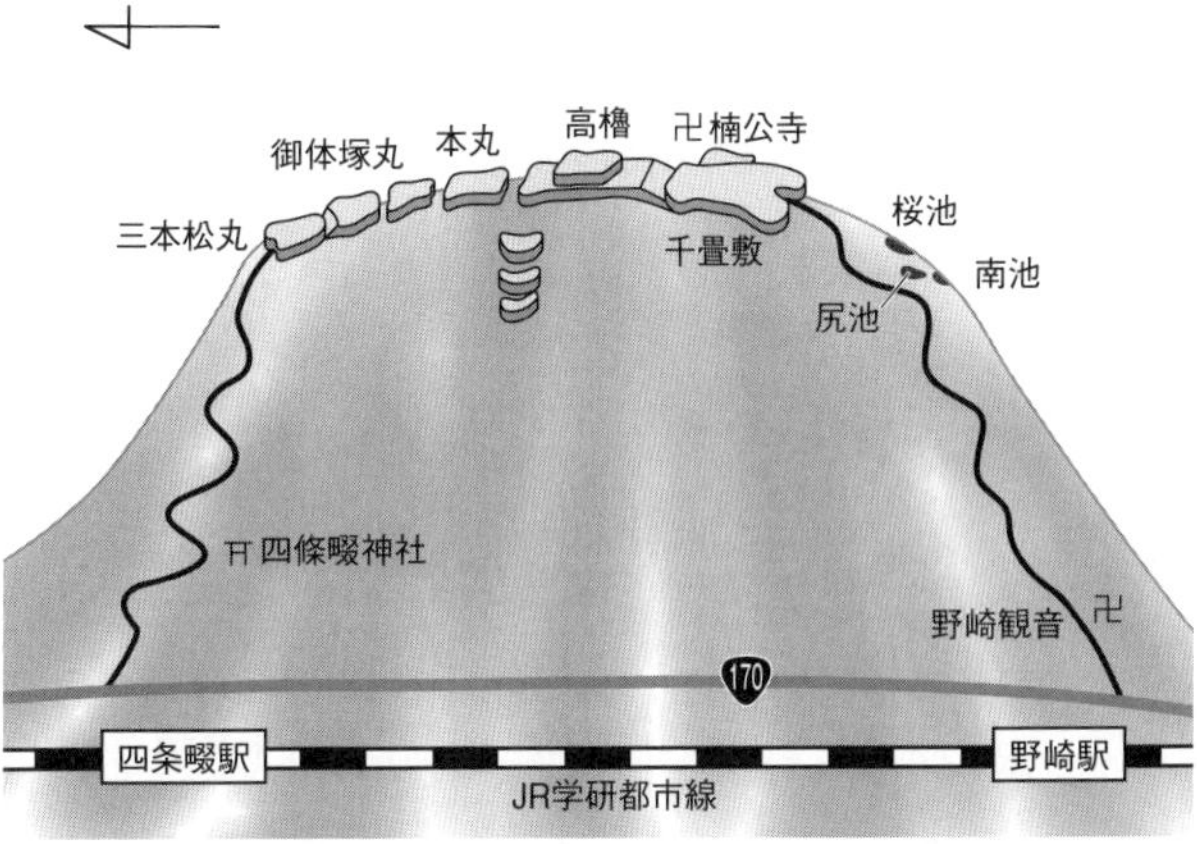

は、南北朝の争乱で南朝方として活躍した楠木正成《まさしげ》の子で、北朝方の高師直《こうのもろなお》と四条畷《しじょうなわて》で戦い、敗死した。このとき、南朝方の楠木軍が飯盛山に砦を築いて立て籠もったことから、高櫓の東直下には、楠公寺《なんこうじ》という名の寺院もある。楠公とは、楠木正行のことで、その菩提を弔うために建てられた楠公寺は、かつて妙法寺といった。

その後室町時代になって、飯盛山には河内《かわち》国の守護代木沢長政《きざわながまさ》が本格的に城を築く。しかし、木沢長政は、天文十一年（一五四二）、太平寺の戦いで三好長慶に敗れ、討ち死にしてしまう。長慶は、管領細川晴元に従って室町幕府の実権を握り、畿内・四国の八か国を支配下においた戦国大名である。このあと、飯盛山城は、長慶の居城となった。

三好長慶の死

高櫓からは、下り道となり、堀切を渡ると本丸に着く。本丸からの見晴らしはよく、河内平野はもちろん、大阪方向にはあべのハルカスもよく見える。三好長慶が、自らの勢力範囲を一望できるこの飯盛山城を居城としたのも納得がいく。また、本丸東側の直下には、高さ四メートルほどの高石垣が築かれているので、ぜひとも見ておきたい。飯盛山城の東側斜面には、こうした石垣が延々と築かれていたようである。

本丸からさらに北に進むと、北の丸を経て御体塚丸《ごたいづかまる》がある。御体塚とは、三好長慶の遺体を安置した塚のことである。長慶は、永禄七年（一五六四）、この飯盛山城で四三年の生涯に幕を下ろした。しかし、その死は秘匿《ひとく》され、長慶の遺骸も、二年間、飯盛山城に安置されたという。

三好長慶の死後、その政権が長く続くことはなかった。養嗣子の義継、一族の三好政康・三好長逸《ながゆき》・岩成友通のいわゆる三好三人衆、家宰の松永久秀が権力をめぐって三つ巴の戦いを繰り広げたからである。そうしたなか、永禄十一年（一五六八）、織田信長が足利義昭を奉じて上洛すると、松永久秀が信長に従う一方、義継と三好三人衆は抵抗の末、滅ぼされた。このあと、飯盛山城は、廃城になっている。

四條畷神社へ

御体塚丸の北面には堀切が設けられているが、この堀切は岩盤を削ってつくられていた。この堀切が、北からの攻撃に備えた最終ラインで、堀切の北側にある三本松丸には飯盛山城の北方を監視する番所のようなものがあったのだろう。

帰りは、ここから尾根伝いに登城道を下っていく。この登城道は、三好長慶の時代からの古道とされ、傾斜もきついので気をつけたい。二〇分ほど下れば、四條畷神社の裏手に出る。

四條畷神社も、楠木正行を主祭神としている。南北朝の動乱と、その後の歴史に思いをはせながらお参りをして帰りたい。

観音寺城

かんのんじじょう

滋賀県近江八幡市
標高　約四三〇メートル
比高　約三三〇メートル

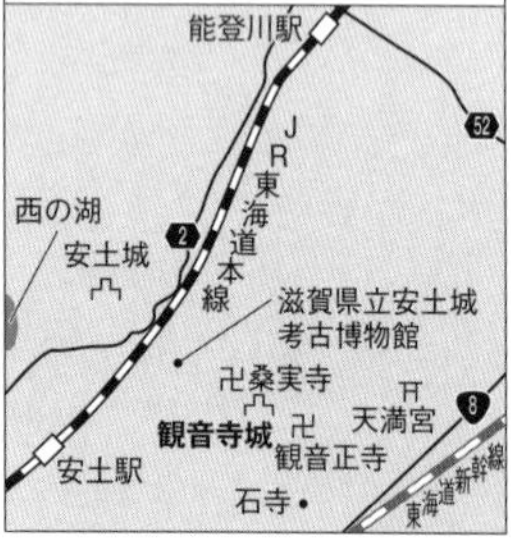

先進的な大名だった六角氏

京都に隣接する近江国は、「近江商人」でも知られるように、畿内における商業的な先進地域として発達してきた。その近江国の守護をつとめたのが観音寺城を本拠とする六角氏である。六角氏は、天文十八年（一五四九）、当主定頼《さだより》のときに城下の石寺新市を楽市としており、これが史料で確認できる最初の楽市とされる。ちなみに、石寺とは観音寺城の城下町であり、すでに市が成立していた。そのため、新たに設けた「新市」を楽市にしたのである。楽市といえば、織田信長が永禄十年（一五六七）に岐阜で制定したものが知られているが、六角氏は、それよりも早く、楽市を制定していたのである。

観音寺城

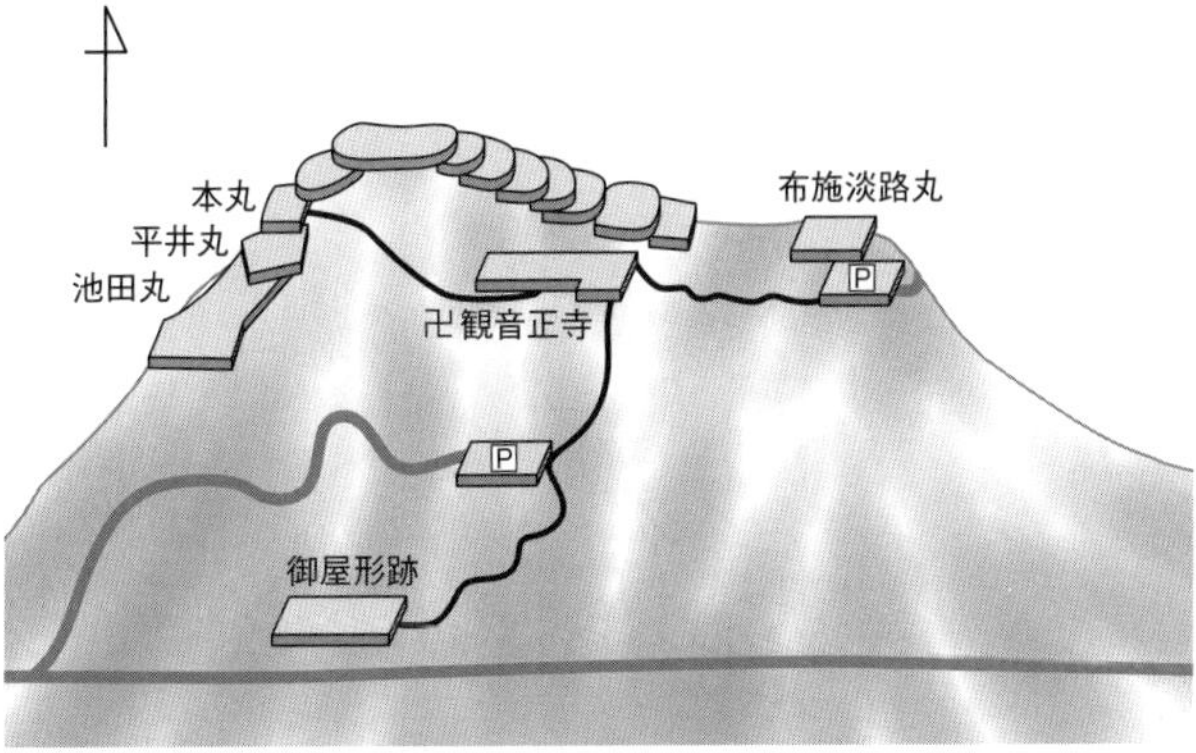

観音寺城へは、林道で山腹まで上ることもできるが、余力があれば、かつて六角氏が楽市とした石寺の城下町から上りたい。ＪＲ東海道本線能登川駅からバスに乗り、「観音寺口」で下車して天満宮に向かう。ここが、六角氏の居館があった場所と伝わっている。石垣の高さは五メートルほどもあり、当時の六角氏の権勢がしのばれる。

ここから、石段を上って山上に向かうが、途中から登城道の両側に階段状の曲輪が点在する。その数は全山で千ほどあると言われ、ほとんどが家臣の屋敷地であったらしい。観音寺城は、北側が急な斜面になっているため、南側のなだらかな斜面に家臣団の屋敷地を設けていたわけである。もちろん、それは住みやすかったというだけではなく、有事の際には家臣団の屋敷地で敵を防ぐ目的があったのは言うまでもない。しかも、家臣団を城内に集住させて統制することができれば、一石二鳥である。

六角氏は、定頼とその子義賢《よしかた》（承禎《じょうてい》）のときには、戦乱を逃れてきた十二代将軍足利義晴を庇護するほどの勢威を誇っていた。しかし、永禄六年（一五六三）、義賢の子義治《よしはる》が重臣後藤賢豊《かたとよ》を殺害したことで、家臣らの離反を招いてしまう。このいわゆる観音寺騒動で、家臣らは城内の屋敷に火を放ち、それぞれの領地に退去したという。

石垣の城

観音寺城で注目されるのは、何と言っても曲輪に設けられている石垣である。これらの石垣は、記録によって弘治二年（一五五六）に築かれたものと見られている。観音寺城のすぐ北西側の尾根には、天正四年（一五七六）、織田信長が総石垣で安土城を築いているが、その二〇年も前に、観音寺城には石垣があったわけだ。城郭に利用された石垣としては、かなり古い。

石段を上りきると、山頂付近の観音正寺《かんのんしょうじ》に至る。この観音正寺は、聖徳太子が創建したとの寺伝をもつ古刹で、西国三十三所の第三十二番札所としても知られている。戦国時代には、観音寺城の城域となったため、もともとあった観音正寺は、強制的に山麓へ移されたと伝わる。それだけ六角氏の権勢は大きかった。

しかし、永禄十一年（一五六八）、六角義賢・義治父子が、足利義昭を奉じて上洛する織田信長に抵抗を示し、四万とも六万とも言われる大軍で南近江に侵入した織田軍に攻められる事態となってしまう。支城が落とされていくなか、六角父子は観音寺城を捨てて伊賀国に逃れた。すでに家臣団の統制がとれておらず、観音寺城に籠城しても勝機はないと判断したのだろう。結局、南近江は信長によって平定され、ここに戦国大名六角氏は滅亡したのである。

その後、安土城を築いた信長は、観音寺城を廃城とするが、有事の際には詰の城として利用するつもりだったのかもしれない。今でも石垣などは当時のままに残されている。しかし、天正十年（一五八二）の本能寺の変後、安土城も廃城となり、観音寺城も利用されることは二度となかった。こうして、観音寺城の跡に、観音正寺が戻ってきたというわけである。この観音正寺をお参りしてから、主郭に行くとしよう。

山頂にはない主郭

主郭は、山頂部ではなく、観音正寺から少し下がった南西の尾根筋にある。本丸・平井丸・落合丸・池田丸と呼ばれる曲輪から構成されるが、曲輪の名称は、江戸時代の記録に基づいており、当時のものとは考えられない。

観音正寺の境内から下っていく登城道があり、途中には当時の石段が残されている。登城道を五分ほど歩くと本丸に着く。なお、この本丸の大手には石段が設けられていて、簡単には進めない仕掛けになっている。

本丸の南から、平井丸に下りてみよう。重臣平井氏の屋敷地と言われるが、確証は何もない。曲輪の入口には、二メートルもある城内最大の巨石が使われており、たんなる重臣の屋敷地ではなかったようだ。平井丸から南に進むと、狭小な落合丸を経て池田丸に突き当たる。ここも、重臣池田氏の屋敷地とは言われるが、建物の柱を立てる礎石も見つかっており、城主の居館のようなものがあったのかもしれない。当時の記録から、観音寺城に二階建ての居館があったこともわかっている。

来た道を引き返し、いったん、本丸に戻ろう。余力があれば、本丸の搦手口《からめて》から下る登城道から帰ってみたい。搦手口の城門跡は石垣によって食い違いが設けられ、かなり厳重に防備されており、その先は桑実寺《くわのみでら》に続いている。桑実寺は、京都の戦乱を逃れてきた十二代将軍足利義晴が仮の幕府をおいたところである。

桑実寺からさらに進むと滋賀県立安土城考古博物館を経て、安土城に至る。

小谷城

おだにじょう

滋賀県長浜市
標高　約五〇〇メートル
比高　約二三〇メートル

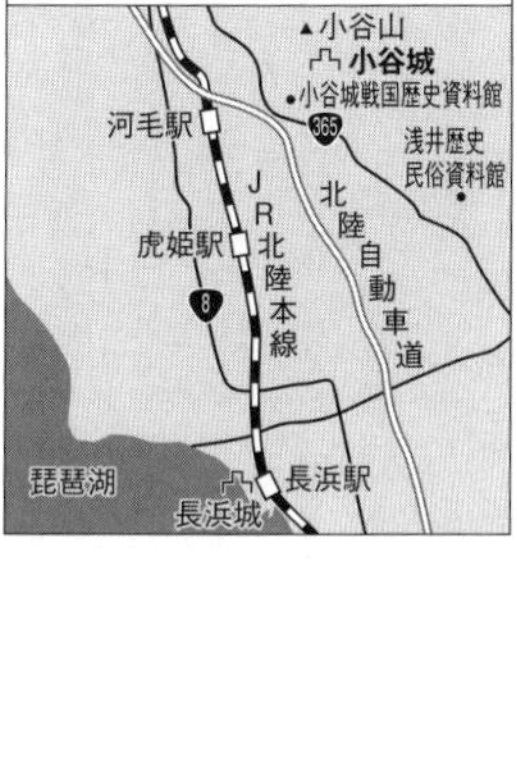

浅井氏の居城

小谷城を築いた浅井亮政《すけまさ》は、もとはと言えば、北近江の守護大名京極高清に従う領主の一人にすぎない。しかし、京極氏が家督争いで弱体化するなか、京極家臣団を抑えて北近江の平定に乗りだし、南近江の六角氏と覇を競うまでに成長していく。亮政が長浜平野のどこからでも望める小谷山に小谷城を築いたのも、権力のあることを内外に示そうとしたのだろう。以来、小谷城は、戦国大名浅井氏三代の居城となったのである。

小谷城へは、JR北陸本線河毛《かわけ》駅で下車し、徒歩で三〇分、もしくはバス一〇分で「小谷城址口」で降りる。車の場合は、時期によって中腹の駐車場まで行くことができるが、せっかくなので、大手とされる伊部《いべ》の集落から歩いて上ってみよう。

登城口から三〇分ほど上ると、出丸跡と呼ばれる曲輪に至る。この出丸は、標高約一五〇メートルにあり、尾根の先端にあたっている。さらに進むと、金吾丸に至る。大永五年（一五二五）、南近江の六角定頼《さだより》に小谷城が攻められたとき、越前国から朝倉教景《のりかげ》が援軍を率いて、この曲輪に入った。教景の通称は左衛門尉《さえもんのじょう》で、その唐名を金吾と言うことから、金吾丸と呼ばれるようになったという。金吾丸を越えると番所と呼ばれる曲輪があり、その先が小谷城の主郭となる。

浅井氏の滅亡

主郭に入ると、まず御茶屋敷と呼ばれる曲輪がある。庭園の遺構とおぼしき石組みがあるためそう呼ばれているが、実際に、御茶屋敷があったかはわからない。大手から敵が攻めて来た場合には最前線となる曲輪であり、土塁で防備されている。

御茶屋敷から進むと、すぐ先は御馬屋である。名称は馬屋であるが、実際に馬がいたわけではないらしい。ちなみに、御馬屋の東北隅にある池も馬洗池と呼ばれているが、おそらくは籠城に備えての飲料用の溜池であったのだろう。

そのまま進むと黒金門に至るが、その手前に、東へ向かう隘路《あいろ》がある。ここは細い曲輪

小谷城

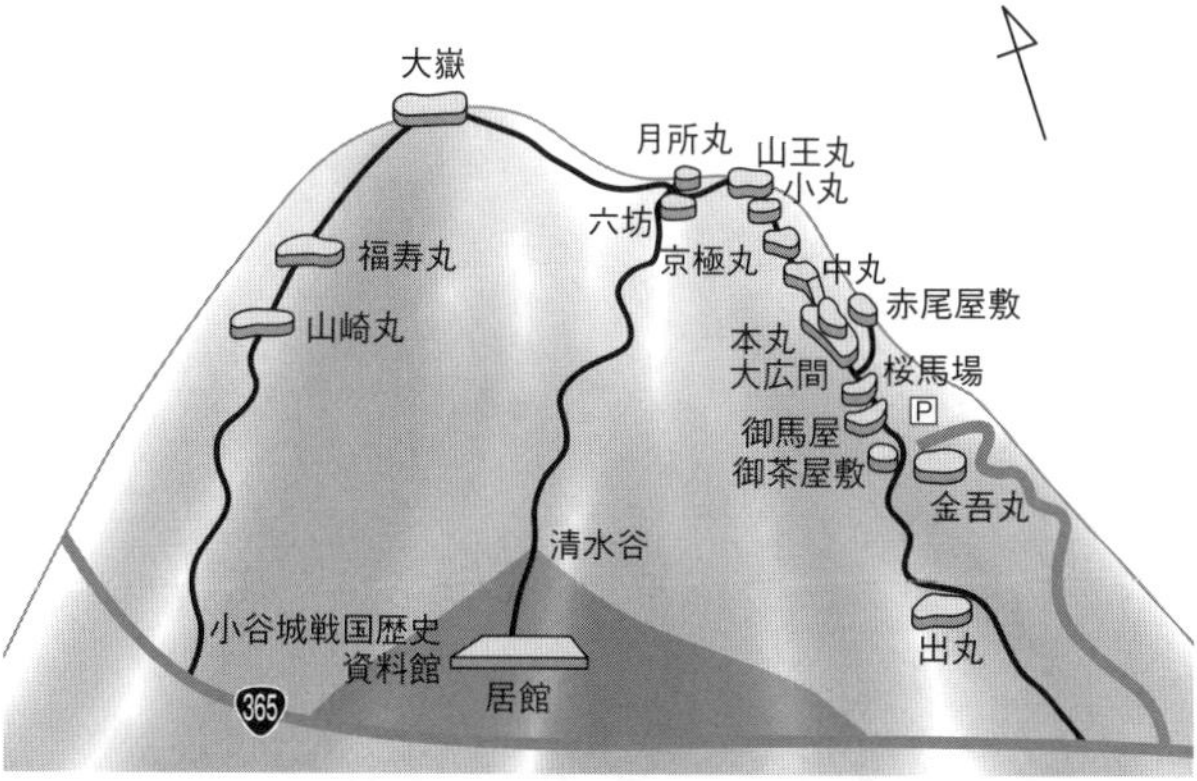

となっており、天正元年（一五七三）、織田信長に攻め込まれた最後の当主長政が自害した場所と伝わる。

元亀元年（一五七〇）、信長の妹であるお市の方を正室に迎えていた長政は、越前国の朝倉義景に同調して、信長に反旗を翻す。結果的には、そのために滅亡してしまうわけであるが、一時は、朝倉義景のほか、甲斐国の武田信玄とも同盟して信長を追いつめていた。ここで長政が自害したのはあくまでも結果論であり、当初は勝てると見込んでいたのは間違いない。

なお、長政が自害したこの曲輪は、赤尾屋敷と呼ばれている。長政の重臣赤尾氏の屋敷があったということだが、史実かどうかはわからない。ただ、本丸直下の曲輪であり、籠城戦のさなかには、重臣が守っていたのは確かだろう。

山上にあった御殿

さて、赤尾屋敷から先には進めないので、いったん、黒金門に戻るとしよう。ここは、小谷城でもっとも厳重な門が構えられていたところである。今は崩落しているが、当時は巨石を用いた石垣で土台が築かれ、そのうえには、多聞櫓《たもんやぐら》があったと考えられている。ちなみに、近くには巨大な顕彰碑が建てられているが、撰文《せんぶん》をしたのは、徳川宗家第一六代当主であった徳川家達《いえさと》である。

浅井長政はこの小谷城で自害したが、残された三人の娘、茶々《ちゃちゃ》・初《はつ》・江《ごう》は助け出されていた。そのうち、茶々は豊臣秀吉の側室となり淀殿《よどどの》と呼ばれ、江が徳川家康の子秀忠の正室となった。浅井氏と徳川氏は、そんな浅からぬ関係にある。

黒金門を抜けると、そこには、大広間と呼ばれる曲輪が広がる。大広間は、東西約三五メートル・南北約八五メートルもあり、城内の曲輪のなかではもっとも広い。大広間では、発掘調査によって礎石が見つかっていることから何らかの建物があったのは確かであるが、瓦は見つかっていないため、板葺きか柿葺《こけら》きの御殿があったと考えられている。籠城時には、長政やお市の方も、ここで暮らしていたのだろう。

大広間の北側の一段高くなったところが本丸である。本丸は、もともとは鐘丸と呼ばれていたらしい。本丸には天守があったと言われるが、どのようなものであったのかは不明である。小谷城は、浅井氏の滅亡後、北近江の平定に活躍した豊臣秀吉に与えられた。その後、秀吉が琵琶湖畔に長浜城を築いて移ったために小谷城は廃城となるが、そのとき、天守の部材も長浜城に移されたという。現存する彦根城西の丸三重櫓は、長浜城に移築された小谷城天守とも伝わっているが、移築の痕跡は見つかっていない。

本丸よりも高所にあった曲輪

本丸から北に向かうと、幅約一五メートル、深さ約一〇メートルにおよぶ堀切が立ちはだかる。堀切を越えると中丸、さらに京極丸と曲輪が連なる。

京極丸は、京極高清を庇護していた曲輪であったという。もっとも、庇護していたとは言え、実際には幽閉と言ってもよかった。ただ、浅井氏にとって、主家である京極氏を立てる形で小谷城におくことは、支配の正当性を示すにはちょうどよかったのだろう。曲輪も、京極丸のほうが本丸よりも高所にあった。

京極丸の北にある曲輪は小丸と言い、文字通り小さな曲輪である。ここは、浅井長政の父久政《ひさまさ》が隠居していた曲輪とされる。天正元年(一五七三)、織田信長に小谷城が攻撃されたとき、久政は小丸に籠もって戦うものの、織田軍に京極丸を落とされてしまう。これにより、本丸にいた長政との連携を阻まれ、落城よりも先に久政は自害を遂げていた。

小丸の北にある山王丸は、主郭の最高所にあたり、比叡山の神である山王権現が祀られていたという。ここに残る高石垣は、崩落している部分もあるため、当時はもっと高さがあったらしい。これだけ防御性が高められているのは、この曲輪が主郭の北端にあり、北側からの敵を一手に引き受ける拠点だったからである。

山頂にあった詰の城

余力があれば、六坊《ろくぼう》、月所丸《げっしょまる》を経て小谷山の山頂に行ってみよう。ここは、大嶽《おおずく》と呼ばれ、浅井亮政が築城した時点では、小谷城の中心であったと考えられている。小谷城が拡張されて中心ではなくなったあとも、詰の城のような形として残った。織田信長が小谷城を包囲したときも、援軍を率いてきた朝倉義景は、軍勢をこの大嶽に入れている。しかし、織田軍の攻撃を受けた朝倉軍は支えきれず、越前国に敗走したあと、滅ぼされてしまう。このため、小谷城は、大嶽を押さえた織田軍の攻撃にさらされ、ついに落城してしまうのである。

なお、大嶽からのびる主郭とは反対の尾根にも、福寿丸や山崎丸といった出丸がある。これらの出丸は、大嶽の防備を固めるため、朝倉氏が構築したのだという。

山麓の居館

　さて、大嶽からは来た道を引き返し、主郭のほうに戻ろう。そのまま同じ登城道を下ってもよいし、途中にある搦手の登城道を下ってもよい。搦手の登城道を下っていくと山麓の清水谷《きよみずだに》にでる。この清水谷には、浅井氏の居館や重臣の屋敷が立ち並んでいたという。平時はこの居館で暮らし、戦時には山上に籠もったようである。

　清水谷の入口には、発掘調査によって、土塁と水堀があったことがわかっている。朝倉氏の居館があった一乗谷と同じように、谷を塞いで防御していたのだ。

　帰りには、ぜひ小谷城戦国歴史資料館を訪ねたい。浅井氏や小谷城に関する資料が展示されている。さらに足をのばせたら、小谷城を与えられた秀吉が新たに築いた長浜城にも行ってみよう。天守風に建てられた博物館では、長浜を中心とする北近江の歴史を学ぶことができる。

郡山城

こおりやまじょう

広島県安芸高田市
標高　約四〇〇メートル
比高　約二〇〇メートル

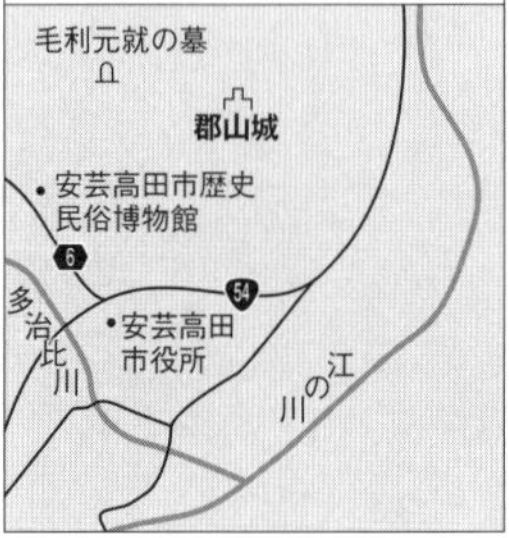

三本の矢

毛利元就の居城として知られる郡山城は、郡山全体を城域とする巨城であるが、最初に築かれた南北朝時代には、せいぜい砦《とりで》程度のものであったと見られている。元就が家督を継いだころ、毛利氏は周防国の大内義隆に従っていた。そのため、天文九年（一五四〇）には、大内氏と対立する尼子晴久に攻められてしまう。大内氏の重臣陶晴賢の救援により、危機を脱することができた元就は、このあと郡山城の拡張にとりかかったようである。

一方、大内義隆は、逆に尼子氏の居城である富田城を攻めて失敗し、その結果、義隆は陶晴賢の謀反で殺されてしまったのである。このあと、元就は大内義隆亡き後の覇権をめ

郡山城

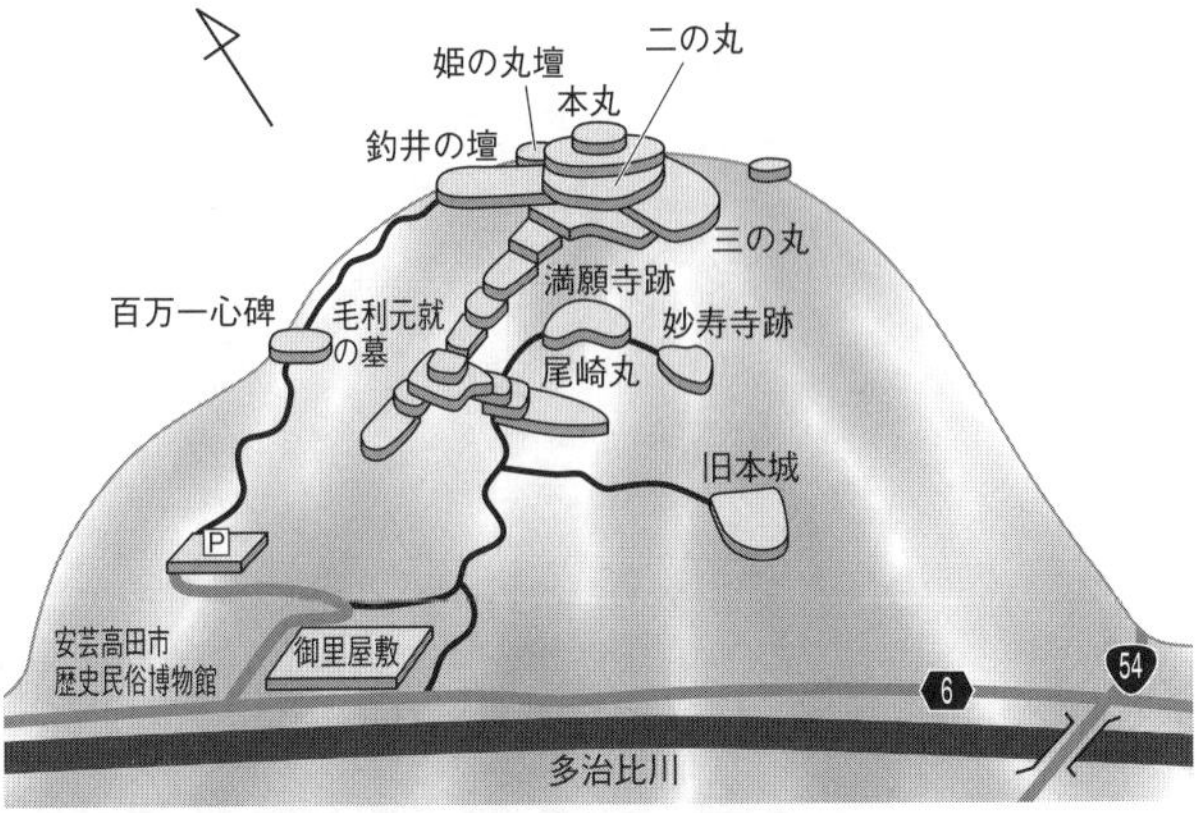

ぐって晴賢と争い、厳島の戦いで敗死に追い込んだ。晴賢は、かつて窮地を救った元就によって殺されてしまったことになる。

その後、元就は、大内氏と尼子氏を滅ぼして山陰・山陽八か国を支配する大名となり、元亀二年（一五七一）、七五年におよぶ波乱の生涯に幕を下ろす。死に際、元就は嫡男の隆元、吉《きっ》川《かわ》氏を継いでいた次男の元春《もとはる》、小早川《こばやかわ》氏を継いでいた三男の隆景《たかかげ》を集めて有名な「三本の矢」の遺訓を伝えたという。これは、一本の矢なら簡単に折れても、三本の矢を束ねたら折ることは難しいという主旨で、兄弟三人が力を合わせるように命じたものである。このころすでに隆元は亡くなっており、この逸話そのものは創作だが、元就は弘治三年（一五五七）、三人の子に仲違いを戒める教訓状を書いており、まった

郡山城築城の際、人柱の代わりに埋められたという言い伝えの残る「百万一心」の石碑の模刻

くの虚構というわけではなかったらしい。

人柱の代わりに埋めた石碑

郡山城には、JR芸備《げいび》線向原駅で下車し、車でなら一五分で着く。毛利元就と一族の墓所がある洞春寺《とうしゅんじ》跡から本丸を目指そう。洞春寺は、元就の三回忌に創建された菩提寺であるが、寺そのものが山口に移転しているため、現在は跡地となっている。

有名な「百万一心」の碑も、この洞春寺跡にある。「百万一心」の碑というのは、築城に際し、元就が人柱の代わりに埋めたとされる石碑である。幕末に長州藩士が発見したというが、その後の所在はわかっていない。現在、建てられているのは、残されていた拓本《たくほん》をもとに造られた模刻《もこく》である。

築城時の難工事を克服するため、生きた人間を人柱として土中に埋めたという伝承は、各地の城に残されている。しかし、人柱が埋められたという確実な痕跡が発掘調査で見つかったことはない。郡山城の築城で難工事があったという記録もなく、人柱の代わりに「百万一心」の碑が埋められたのが事実であるかどうかは不明である。

その「百万一心」の碑からさらに上っていくと、本丸北側の姫の丸壇に着く。幕末に長州藩士が「百万一心」の碑を発見したのはこの曲輪だという。

拡張し続けた山城

城内最大の曲輪である三の丸から、二の丸を経て本丸に向かってみよう。本丸は、標高約四〇〇メートルある郡山の最高所に構えられている。ここからは吉田盆地が一望でき、この城が要衝にあることがよくわかる。広さもかなりあり、元就の居館もここに建てられていたらしい。

本丸から下っていくと、郡山城の築城以前から存在していた満願寺の跡を経て、尾崎丸に至る。尾崎丸は、城内最大の堀切で尾根と遮断されており、ここに元就の嫡男隆元の御殿があったと考えられている。隆元は、元就の後継者として期待されていたが、永禄六年(一五六三)、四一歳の若さで早世してしまう。隆元の跡は、子の輝元が継いだ。

余力があれば、南東の尾根に位置する旧本城にも足をのばしてみたい。ここは、元就が郡山城を拡張する前、名実ともに郡山城の中心だった。そのころの郡山城は、階段状に設けられた三段の曲輪で構成されていたにすぎない。それが毛利氏の勢力拡大にともない、大幅に拡張されていったのである。

郡山城は、輝元の時代になって、現在のような規模の城として完成した。曲輪の数は、二七〇にもおよんだという。しかし、天正十九年（一五九一）、輝元が広島城を築いて移ったあと、慶長五年（一六〇〇）の関ヶ原の戦いに敗れて安芸国を失ったため、廃城となった。

帰りは、安芸高田市歴史民俗博物館に立ち寄ってみてはいかがだろう。毛利氏や郡山城に関する資料が展示されている。

富田城

とだじょう

島根県安来市
標高　約二〇〇メートル
比高　約一六〇メートル

出雲の要衝

出雲国の戦国大名尼子氏の居城として知られる富田城は、中海《なかうみ》にそそぐ飯梨《いいなし》川の東岸、標高一八三メートルの月山《がっさん》に築かれている。そのため、月山富田城とも呼ばれる。

富田城には、JR山陰本線安来《やすぎ》駅で下車、バスで「月山入口」に向かう。「どじょうすくい」で有名な安来は、かつては水上交通も盛んで、船を使えば中海から飯梨川をさかのぼり、富田城下まで来ることができたという。陸上交通でも、山陽地方に抜けることができる要衝だった。

富田城へは、菅谷《すがや》口・御子守《おこもり》口・塩谷《しおだに》口の三か所から登城できるが、ここでは、大手とされる御子守口から上ろう。登城道の両側の尾根筋には、多くの曲輪が並んでいる。これは、大手道を監視するためであり、かなり厳重に防御されていたことがわかる。

尼子氏の滅亡

大手道を上っていけば、ほどなく山中御殿《さんちゅうごてん》に着く。ここは、菅谷口・御子守口・塩谷口からの登城道が合流するという、城内でもっとも重要な曲輪であった。曲輪を囲む高さ五メートルほどの高石垣に圧倒されるが、なかでも、菅谷口の門跡には櫓台があり、天守相当の櫓があったと考えられている。

ちなみに、これらの石垣は、尼子氏によって築かれたものではない。尼子氏は、晴久の代には、山陰一一か国を領有する大大名となっていたが、天文九年（一五四〇）、周防国の大内義隆に属す毛利元就の郡山城を包囲したものの攻略に失敗し、権威を失墜させてしまう。天文十二年（一五四三）、富田城を包囲した大内義隆を撃退するものの、かつての勢威を取り戻すことはできなかった。

そして、永禄八年（一五六五）、晴久の子にあたる義久が、三万五千の軍勢を率いた毛利元就に包囲されてしまう。当初、毛利軍は菅谷口・御子守口・塩谷口から総攻撃をかけるものの、富田城を落とすことができなかった。そのため、富田城の周囲に陣城を築き、

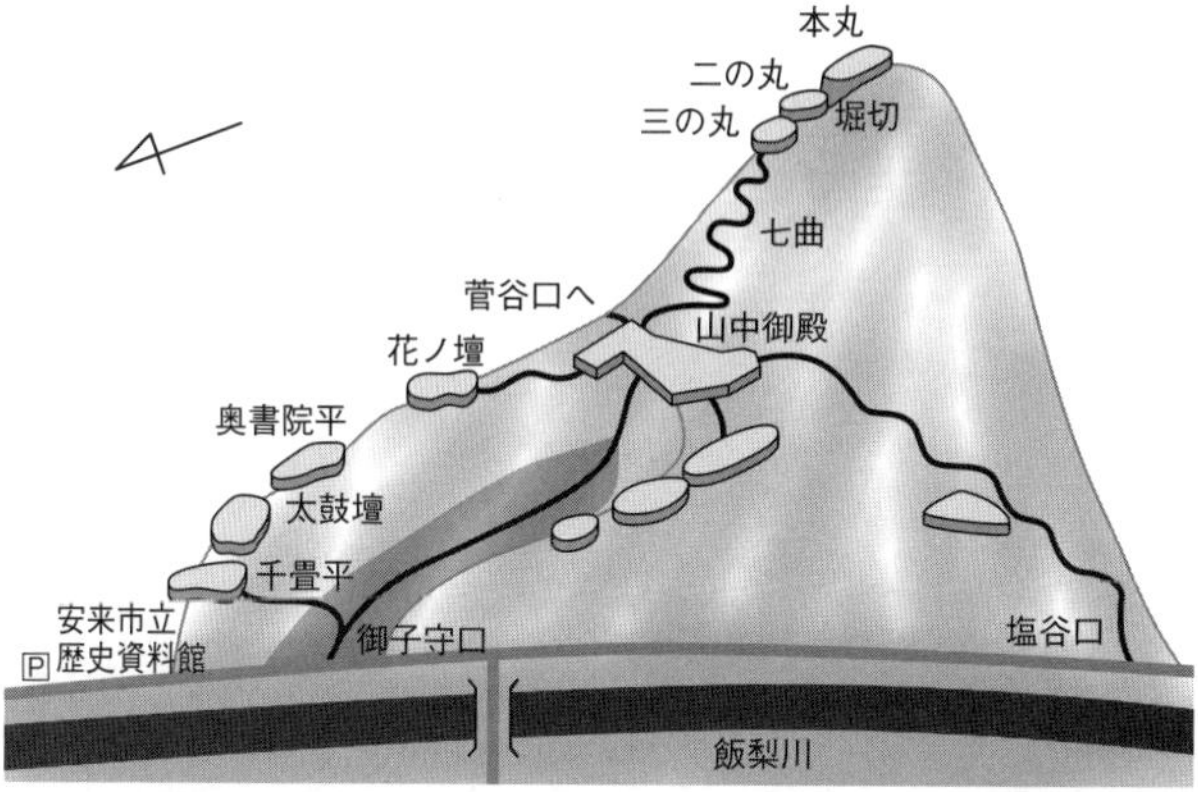

兵糧攻めにしたのである。すでに出雲国の諸城は元就に落とされており、援軍の見込みもない。結局、義久は、一年半におよぶ籠城のすえ降伏開城し、ここに、戦国大名尼子氏は滅亡したのである。

その後、富田城は毛利氏の属城となったが、その毛利氏も慶長五年（一六〇〇）の関ヶ原の戦いで徳川家康に敗れ、出雲国を失う。代わって出雲に入った堀尾《ほりお》吉晴《よしはる》が富田城を改修しているが、このとき、総石垣の城に変貌をとげたと見られている。

慶長十二年（一六〇七）、堀尾吉晴は、松江に居城を移転することを決定した。松江城の完成後も、富田城はその支城として機能していたが、元和元年（一六一五）の一国一城令で廃城になったと考えられる。

山中御殿からは重量のある建物を支える礎石も見つかっており、堀尾吉晴の時代には、城主の御殿も建てられていたらしい。尼子氏時代の城主の居館は、山麓の御子守口にあったと考えられており、この場所には戦闘のための櫓などが建てられていたのではなかろうか。

山上の曲輪群

この山中御殿から、七曲と呼ばれる登城道を上ると、三の丸に至る。三の丸からは、二の丸、そして本丸へと続く山上の曲輪群が連なっている。これらの曲輪は総石垣で築かれているが、山中御殿と同じく、堀尾吉晴によって築かれたものらしい。

二の丸と本丸の間にある深さ一〇メートルほどの堀切を越えると、ようやく本丸に到達となる。本丸は細長いが、城内でももっとも広い。毛利元就に攻められたとき、尼子義久も、この本丸に立て籠もっていたのだろう。

この本丸の一番奥には、勝日《かつひ》高守《たかもり》神社が鎮座している。勝日高守神社は、『出雲国風土記』にその名が見える古社で、歴代城主の崇敬を集めていたと伝わる。

勝日高守神社をお参りしたら、来た道を引き返して、ひとまず山中御殿に戻ろう。ここからは、花ノ壇、太鼓壇、千畳平といった尾根筋の曲輪群につながっている。

堀切を越えた先に、花ノ壇がある。この曲輪では、地面に掘った穴に埋め込んだ掘立《ほったて》柱《ばしら》の跡が見つかっている。礎石がないため、重厚な建物があったとは考えられず、尼子氏時代の建物が推定復元されている。

花ノ壇の先には奥書院平《おくしょいんなり》があり、その先が太鼓壇である。この太鼓壇には、山中鹿介《しかのすけ》（山中幸盛《ゆきもり》）の銅像が建てられている。山中鹿介は、尼子氏の再興を図るため、一族の尼子勝久を奉じて毛利氏に抵抗を続けた尼子遺臣である。永禄十二年（一五六九）には、毛利氏の属城となっていたこの富田城を攻撃するが、奪還に失敗してしまう。その後、織田信長の支援をうけて播磨国の上月城（116ページ）に籠もって降伏し、殺害されている。この像は、鹿介の没後四百年を記念して昭和五十三年に建てられたものである。

千畳平の下が安来市立歴史資料館なので、富田城の歴史を学んでおこう。なお、富田城の北西、飯梨川を挟んだ対岸に位置する京羅木山《きょうらぎさん》は、富田城を攻めた大内軍・毛利軍が陣を敷いたところでもある。毛利時代の陣跡が残るので、余力があれば見ておきたい。松江まで戻って、富田城ののちに出雲の中心となった松江城を見るのもよいだろう。

春日山城

かすがやまじょう

新潟県上越市
標高　約一八〇メートル
比高　約一七〇メートル

関東管領の居城

越後《えちご》国の戦国大名として知られる上杉謙信は、もともとの名を長尾《ながお》景虎《かげとら》と言う。越後国の守護は上杉氏が継承しており、長尾氏はその守護代にすぎなかった。しかし、家督を継いだ景虎は、越後国の平定に乗り出すとともに、相模国の北条氏康《うじやす》に覇権を奪われた関東管領上杉憲政《のりまさ》を庇護して勢力をのばす。ちなみに、越後守護上杉氏は、関東管領上杉氏の庶流であった。やがて、上杉氏の名跡と関東管領職を譲られた景虎は、憲政から「政」の字を拝領して政虎《まさとら》と名乗り、さらに、将軍足利義輝から「輝」の字を拝領して輝虎《てるとら》と改名した。謙信と号するようになるのは、さらに後年のことである。

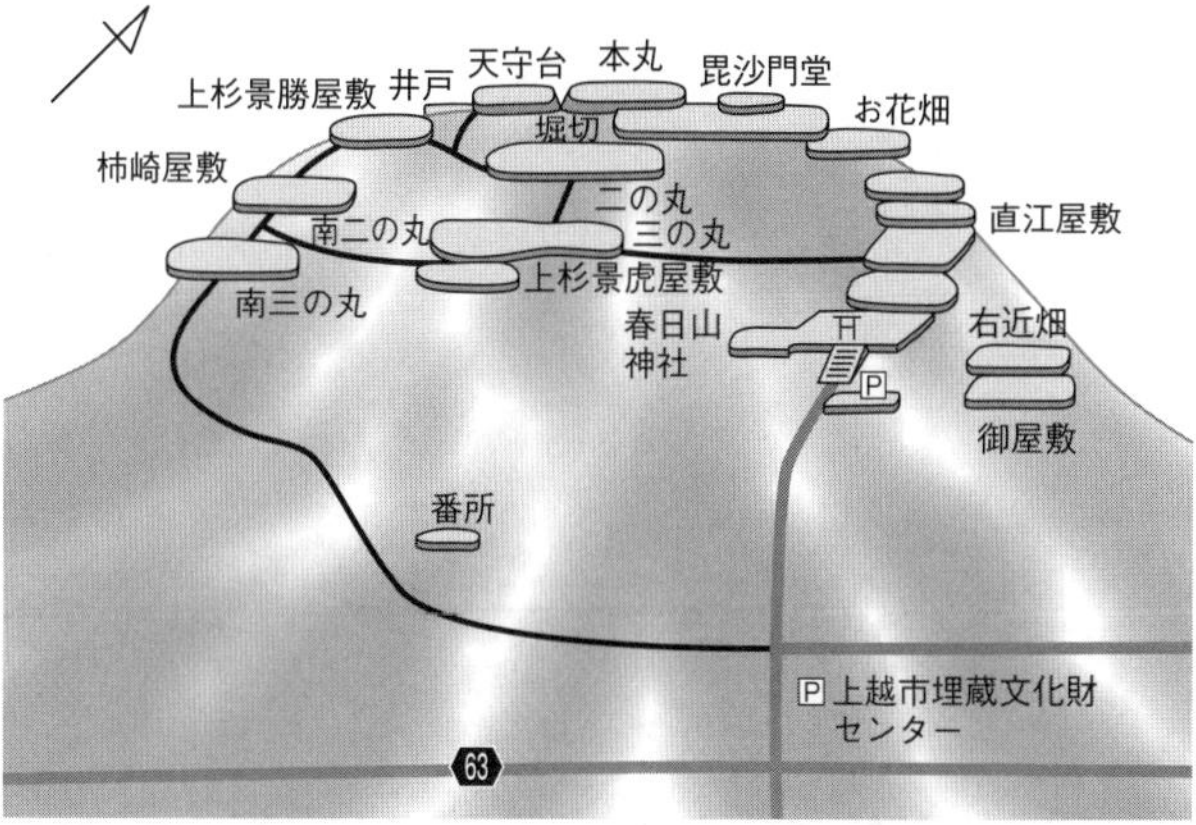

謙信の居城であった春日山城は、実のところ、いつ築城されたのかわかっていない。ただ、南北朝時代、越後守護上杉氏が府中（直江津《なおえつ》）の守護所に対する詰の城として築いたと考えられている。永正四年（一五〇七）、謙信の父為景《ためかげ》が守護の上杉房能《ふさよし》を追放してからは、長尾氏の居城となった。そして、謙信の時代に、春日山城は関東管領の居城にふさわしい城郭に拡張されたのである。

城内を通る御成《おなり》街道

春日山城へは、えちごトキめき鉄道妙高はねうまラインの春日山駅で下車する。春日山駅から西を見ると、頂上に松が生えている山に気が付く。この山が、城の築かれている標高約一八〇メートルの春日山である。山の名は、春日明神が勧請されていたことにちなむ。春日明神は藤原氏の氏神であり、上杉氏は藤原氏の流れをくんでいた。

春日山駅からは二キロほど歩くと、山麓に着く。春日山城への登城道としては、春日山神社から上るルートが一般的であるが、せっかくなので、大手道から上ってみよう。

番所跡と呼ばれる丘を越えて南三の丸から城内に入り、そのまま進むと柿崎屋敷に至る。ここから登城道は御成《おなり》街道となる。御成街道とは、春日山城から北に向かい、日本海に面した郷津《ごうづ》に続く山道で、関白近衛前久《このえさきひさ》が通ったことにちなむ。近衛前久は、謙信とも親しかった時の関白である。

柿崎屋敷は、広大な曲輪で、勇将として知られる謙信の重臣柿崎景家《かげいえ》の屋敷地とされる。もっとも、こうした曲輪名は、江戸時代の記録をもとにしているので、当時の名称とは限らない。だが、柿崎景家が、春日山城の南端を守っていた可能性はあるのではなかろうか。

春日山城は、東側は谷が入り込み、北側と西側は断崖という天嶮の要害で、唯一、南側で尾根につながっていた。この南側こそ、防御の要であったと思われるからだ。柿崎屋敷の周囲には、ほかにも多くの曲輪があるが、そのほとんどは、重臣らの屋敷地だったようだ。

御館《おたて》の乱

柿崎屋敷の北側には、上杉景勝《かげかつ》の屋敷がある。景勝は、実母が謙信の姉という関係で、謙信の養子となっていた。景勝屋敷は広く、二本の空堀《からぼり》で北側の本丸部分と遮断されている。防御にも優れた場所にあり、景勝の屋敷というのは事実かもしれない。

景勝屋敷の北側には、井戸曲輪がある。井戸は直径八メートルの円形で、現在でも水が湧いている。籠城するのに飲料水は欠かせないから、こうした山上に井戸があるかどうかは、きわめて重要なことだった。

井戸曲輪から、いったん来た道を引き返して三の丸に向かおう。三の丸は、北側の米蔵跡と南側の景虎屋敷に二分されている。景虎というのは、謙信が迎えた養子で、実父は相模国の戦国大名北条氏康である。謙信の初名である「景虎」を与えられていることからしても、後継者として期待されていたのは間違いない。

しかし、天正六年（一五七八）に謙信が急死したとき、後継者が指名されていなかったことで、謙信の二人の養子、すなわち景勝と景虎が家督を争う事態に陥ってしまう。これが御館の乱である。このとき、三の丸には景虎が立て籠もり、本丸を占拠した景勝と交戦した。春日山城内での戦闘に不利を覚えた景虎は、謙信が上杉憲政のために建てた御館に籠城するが、ここも景勝に包囲されてしまう。脱出した景虎は、相模国にむけて敗走するが、結局は逃れきれずに自害を遂げた。

謙信ゆかりの曲輪

三の丸の東一段上が二の丸で、二の丸から東一段上に上ると、本丸に至る。御館の乱のとき、景勝が占拠した場所である。春日山城の最高所にあたり、府中はもとより、日本海も望める。ただし、広さはあまりないため、居住するためではなく、純粋に戦闘のために設けられていたと考えられている。

尾根を切断する堀切で隔てた南側には、本丸よりも狭い天守曲輪がある。天守があったという江戸時代の記録から天守曲輪と呼ばれているが、実際に天守があったのかどうかはわかっていない。

次に、本丸の北側直下の曲輪群に向かってみよう。ここには、護摩《ごま》をたいて修法《しゅほう》を行う護摩堂や、毘沙門天を本尊とする毘沙門堂などの堂舎が集まっていたらしい。いずれも、信仰心の篤かった謙信にふさわしい曲輪群と言えよう。ちなみに、現在の毘沙門堂は当時の場所とは異なる曲輪に建てられている。

さらに北に進むと、薬草が栽培されていたらしきお花畑という名の曲輪を経て、直江屋敷に至る。上杉景勝の執政直江《なおえ》兼続《かねつぐ》の屋敷があったのかどうかはわからないが、春日山城の北端を固める重要な曲輪であったのはまちがいない。この直江屋敷の東直下には、千貫

麓にある林泉寺の惣門は、春日山城から移築されたと伝わる

門という門の跡もある。巨大な土塁と二重の堀切で固められており、城内でもっとも厳重な門だった。

直江屋敷から東に向かうと、春日山神社に着く。春日山神社は、明治三十四年（一九〇一）、城跡内に創建されたもので、祭神は上杉謙信である。春日山神社の場所に謙信の居館があったとも言われるが、確かなことはわからない。ちなみに、神社の北側直下には、右近畑・御屋敷と呼ばれる広大な平坦地がある。山麓の屋敷地があったと見られ、謙信の居館も、このあたりに構えられていた可能性はあろう。

城下の惣構《そうがまえ》

帰りには、山麓にある林泉寺に寄ってみ

たい。ここは、長尾氏の菩提寺で、幼少期の謙信が修行したところでもある。現在残る惣《そう》門《もん》は、春日山城から移築したものという。

春日山駅に向かう途中には、春日山城の惣構が復元整備されている。惣構とは、城下を囲んだ堀や土塁のことで、春日山城の惣構は、長さ一・二キロにわたって設けられていた。ただし、この惣構そのものは、上杉氏の時代のものではない。慶長三年（一五九八）、上杉謙信の跡を継いだ景勝は、豊臣秀吉の命によって会津に移った。このとき、入れ代わりに入ってきた堀秀治が惣構を築いたとされる。工事の指揮をとった重臣堀直政の通称が監物《けんもつ》であったことから、惣構の堀を監物堀と呼ぶ。慶長十二年（一六〇七）、堀秀治の子忠俊が福島城に居城を移したため、春日山城は廃城となった。

なお、福島城も、ほどなく廃城となって、この上越地方の中心は高田城となっている。春日山城跡出土品遺物を展示している「ものがたり館」を見学したあとは、高田城まで足をのばしてもいいだろう。

七尾城

ななおじょう

石川県七尾市
標高　約三〇〇メートル
比高　約二五〇メートル

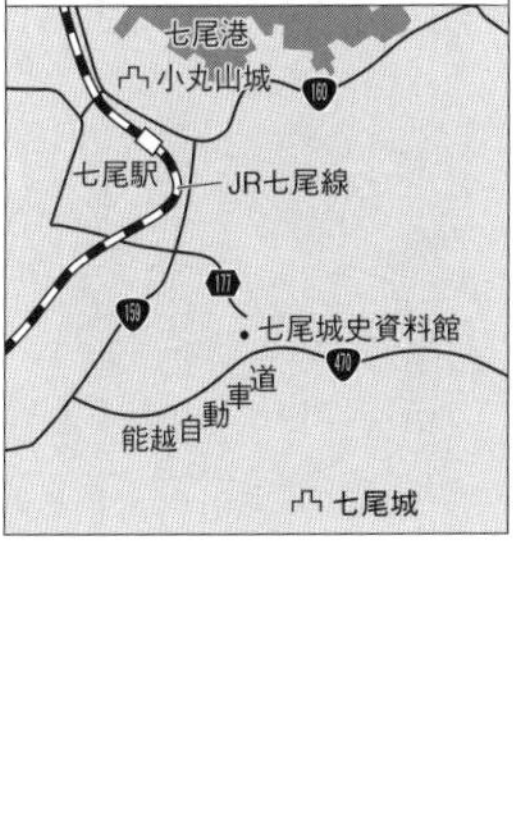

能登の守護所

室町時代に能登《のと》国の守護をつとめていたのは、畠山《はたけやま》氏である。畠山氏は、将軍を補佐する管領に任じられるほどの高い家格を誇り、細川氏・斯波《しば》氏とともに三管領と呼ばれていた。能登の畠山氏は、その畠山氏の庶流にあたる。

畠山氏の能登守護所は、戦国時代に七尾城へ移された。七尾という地名は、七尾城が築かれた七つの尾根、すなわち松尾・竹尾・梅尾・菊尾・亀尾・虎尾・龍尾の七尾にちなむというが、こじつけのような気もしないではない。

七尾城へは、ＪＲ七尾線七尾駅からバスで七尾城史資料館へ向かう。車で行けば、本丸付近まで行けるが、せっかくなので、資料館脇から大手道を上っていこう。細い登城道を六〇分ほど歩けば、番所跡を経て沓掛《くつかけ》・袴腰《はかまごし》に着く。曲輪の名前は、登城者がここで衣帯《いたい》を整えたという言い伝えによるが、ほかの曲輪の名前も含め、江戸時代の記録に基づいているものなので、必ずしも史実とは限らない。

袴腰からの登城道は、三の丸から主郭に入る道と、主郭の東直下を通って本丸に至る道に分岐する。主郭直下の道が大手道と思われるが、ここでは、曲輪を見学するため、三の丸から主郭に入ってみたい。

主郭へ

三の丸は、主郭の北端を防御する曲輪であった。東西約五〇メートル・南北約一二〇メートルもあって、城内でもっとも広い。ただし、曲輪の内部は石組みで南北に区画されており、用途の使い分けがあったようである。もしかしたら、北側には戦闘用の建物が建ち並び、南側は屋敷地になっていたのかもしれない。

三の丸の南側が二の丸であるが、曲輪の間には巨大な堀切が設けられている。しかも、二の丸のほうが、三の丸よりも二〇メートルほど高い場所にあった。仮に三の丸が落ちたとしても、敵が二の丸にたどりつくのは容易でなかっただろう。

七尾城

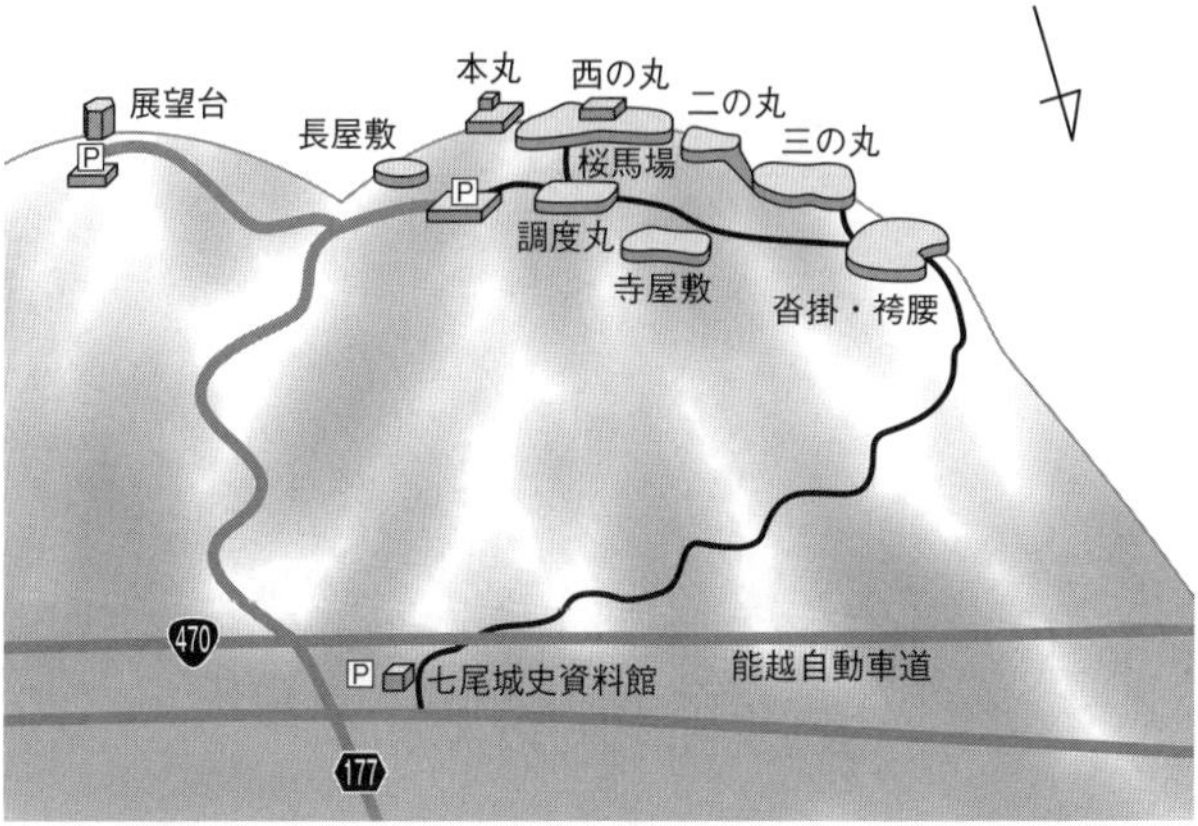

二の丸は、三の丸ほどの広さはない。南側に二段の石垣が残されていて、その先が温井《ぬくい》屋敷となる。

温井屋敷は、畠山氏の重臣温井氏の屋敷地であったとされるが、ここに温井氏の屋敷があったという確証はない。温井屋敷の西側にある城門跡には、「九尺石」という名の巨石がある。こうした石は「鏡石」と言い、権力を誇示することを目的として城内の要所に用いられるものだった。温井氏の屋敷地というよりは、畠山氏に関係する曲輪ではなかっただろうか。

温井屋敷の南側が桜馬場《さくらのばば》である。平時に軍馬を調練した曲輪というが、疑わしい。広さもあるうえ、西隅には一段と高い場所に西の丸が設けて防御を固めている。桜馬場がたんなる馬場であったとは考えにくい。

七尾城二の丸に残る石垣

天守があった本丸

　本丸には、この桜馬場から向かう。本丸に入る城門跡は、二重に構えられ、しかも直進できないように食い違いになっていた。この城門跡を通れば、ようやく本丸に到達となる。

　本丸は、標高約三〇〇メートルの山頂にあり、北に七尾湾から能登島を一望できる。南端には城山神社が鎮座しているが、この神社は昭和十七年（一九四二）に創建されたもので、築城当時からあったわけではない。当時は、この神社の場所に天守が建てられていたとも言われるが、瓦が出土していないので、建物があったとしても、檜皮《ひわだ》葺きか柿葺きであったと考えられている。

七尾城は、天正四年（一五七六）から、越後国の戦国大名上杉謙信の攻撃にさらされ、そのさなか、当主の畠山春王丸が早世してしまった。とは言え、七尾城は天険の要害で、さしもの謙信も、攻めあぐねてしまう。そこで、畠山氏の重臣に寝返りを呼びかけたところ、遊佐《ゆさ》続光《つぐみつ》・温井景隆《かげたか》が承諾してきた。この内応を喜んだ謙信は、月を眺めながら「霜は軍営に満ちて秋気清《しゅうききよ》し　数行《すうこう》の過《か》雁《がん》月三更《さんこう》　越山併せ得たり能州の景　莫遮《さもあらばあれ》家郷《かきょう》遠征を懐《おも》う」という漢詩を詠んだという。結局、遊佐続光・温井景隆らは、畠山氏の重臣である長続連《ちょうつぐつら》とその一族を粛清し、降伏開城したのである。

しかし、天正九年（一五八一）には織田信長が七尾城を奪取し、前田利家が能登一国を得て入城した。七尾城の石垣は、前田利長の時代に、石垣を持つ近世城郭に改修されたようである。その後、天正十年、利家が七尾城に近い小丸山に新城（小丸山城）を築いたため、ほどなくして廃城になった。

見せるための石垣

本丸の北西端から細い道を通って遊佐屋敷に向かうとしよう。この道は、当時のものではなく、城山神社の創建時に造られたものであるようだ。遊佐屋敷は、能登守護代遊佐氏の屋敷地とされているが、石垣に囲まれているうえ、本丸にもっとも近い。実際には城主一族の屋敷があったのではなかろうか。

遊佐屋敷を越えれば、一段下の調度丸《ちょうどまる》に下りてみよう。車で来た場合、最初に到達するのが、この調度丸である。調度とは弓矢のことで、この調度丸は、武具を管理する曲輪だったという。

この調度丸からは、桜馬場下の北面に築かれた石垣がよく見える。そもそも、七尾城の石垣は、すべて城下町が広がる北側に面しており、見せることを目的にしていたようである。遠くから石垣が高く積まれているように見えていればいいわけで、それぞれの石垣は、あえて高石垣とはしていない。高石垣にすると、石垣が崩落する可能性もある。そのため、七尾城の石垣は、すべて低石垣が数段にわけて積まれている。

さらに南に進めば、堀切を挟んで長屋敷に至る。長氏の屋敷であるかは不明だが、七尾城の東端を防御する重要な曲輪だったことは疑いない。重臣の屋敷は、こうした要所の広い曲輪にあったのではなかろうか。

さて、帰りは調度丸から、主郭の東下を通る大手道を通り、山麓に戻るとしよう。途中、寺屋敷の側を通って、袴腰の分岐点で、主郭を貫く登城道と合流する。あとは、そのまま山麓まで下るだけである。

七尾城史資料館を観覧したら、小丸山城に行ってもよいだろう。

岡豊城

おこうじょう

高知県南国市
標高　約一〇〇メートル
比高　約九〇メートル

土佐国の中心

土佐《とさ》国の戦国大名長宗我部元親《ちょうそかべもとちか》の居城である岡豊城は、香長《かちょう》平野の中心にある。香長平野とは、土佐国の香美《かみ》郡と長岡郡に広がる平野で、長宗我部氏の本拠地だった。今でこそ県庁所在地である高知市から離れているが、かつては国府がおかれるなど、土佐国の中心だったところである。

長宗我部氏は、もともと宗我部氏と言っていたが、長岡郡を本拠としたことから長宗我部氏と称した。香美郡を本拠とした同族の香宗我部《こうそかべ》氏とともに、香長平野を支配下においた。ちなみに、元親の実弟親泰《ちかやす》は、香宗我部氏を継いでいる。

天守相当の建物があった詰ノ段

　岡豊城へは、高知駅からバスに乗って「学校分岐」で下車、高知県立歴史民俗資料館に向かうことになる。徒歩でそこから岡豊城に上れば、ほどなく二ノ段に着く。

　岡豊城は、標高九七メートルの岡豊山の山上に主郭をおき、主郭を中心として階段状に曲輪を配置している。一般的な城では、主郭を本曲輪、あるいは本丸と言うが、岡豊城では詰ノ段と呼ぶ。そのほかの曲輪も、詰ノ段から下がるごとに二ノ段、三ノ段、四ノ段と呼ばれている。

　二ノ段は、城内でもっとも眺望がひらけた曲輪で、土佐国の政庁である国衙跡も見える。この国衙は、『土佐日記』を記したことで知られる紀貫之《きのつらゆき》が、土佐国司として政務を執っていたところでもある。近くには、諸国に創建された国分寺のひとつである土佐国分寺もある。

　一説に長宗我部氏は、国衙の在庁官人《ざいちょうかんじん》であったという。在庁官人とは、中央から赴任してくる紀貫之のような貴族ではなく、国衙の実務を担った在地の豪族である。室町時代には守護の細川氏に従って勢力を拡大し、応仁・文明の乱で細川氏の勢威が衰えたのを機に、自立を図っていった。

岡豊城

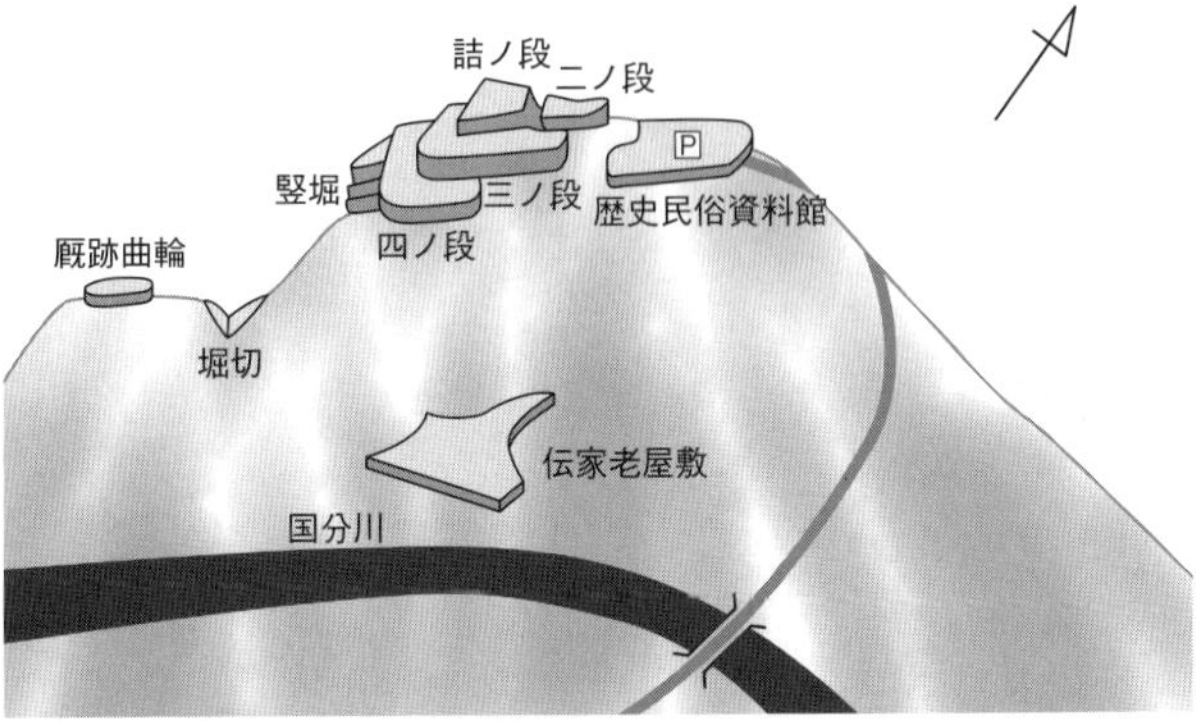

この二ノ段から、堀切に設けられた土橋を渡って詰ノ段に向かおう。一般的な四角形や円形ではなく、一辺約四〇メートルの三角形をしているのがおもしろい。

この詰ノ段からは、礎石と瓦が見つかっており、瓦葺きの建物が存在していたのは疑いない。建物の形状はわからないものの、天守に相当するような建物であったと考えられている。

しかも、瓦には「天正三年」の年紀が刻まれていた。長宗我部氏は、元親の代に安芸氏や本山氏といった国内の領主らを降し、土佐一国の平定に成功している。それが、天正三年（一五七五）だった。つまり、岡豊城の瓦葺き建物は、土佐平定の年に建てられたことになる。おそらく、岡豊城は、土佐一国の太守にふさわしい城に改修されたのだろう。

土佐一国の平定を成し遂げた元親は、すぐさま阿波国・讃岐国、そして伊予国に侵攻し、天正十二年（一五八四）には、四国をほぼ統一している。しかし、そんな長宗我部氏の栄華も長くは続かなかった。このときすでに、中央では豊臣秀吉の政権が誕生しており、元親も秀吉への服従を求められるようになったからである。

秀吉から土佐国をのぞく阿波国・讃岐国・伊予国の放棄を求められた元親は、これを拒否した。そのため、翌天正十三年、秀吉による四国攻めを受けることになってしまったのである。詰ノ段の西側斜面には敵による斜面の移動を阻む竪堀がいくつも残されているが、これらは豊臣軍の侵攻を想定して防御を厳重にするために設けられたものかもしれない。元親は、阿波の白地《はくち》城を本陣として豊臣軍一一万余を迎え撃つが、最後は秀吉に降伏し、土佐一国のみが安堵された。

このあと、元親は、天正十六年（一五八八）、岡豊城から南西に約一〇キロ離れた大高《おおたか》坂山《さかやま》に新たな城を築く。ちなみに、この大高坂山城が、のちの高知城である。そして、関ヶ原の戦いで石田三成の西軍に加わった元親の子盛親が東軍の徳川家康によって改易され、代わって土佐国に入った山内一豊《かずとよ》が高知城を居城にしたことで、以後、岡豊城が利用されることはなくなった。

岡豊城の廃城後に築かれた高知城。江戸時代の天守（重要文化財）が今に残る

詰ノ段から続く曲輪群

詰ノ段から三ノ段に降りてみよう。ここは、詰ノ段を細長く囲んだ曲輪で、礎石を持つ建物があったことがわかっている。この三ノ段の西側一段下には、四ノ段があり、四ノ段から南西に約二百メートル離れた丘陵には、厩《うまや》跡《あと》曲輪と伝わる曲輪がある。

厩跡曲輪は、広さこそないものの、西側の尾根に堀切を設けて敵の侵入を阻み、南側の斜面に多くの竪堀を設けて敵による斜面の移動を阻むようにするなど、防御性は高い。実際に厩跡であったのかどうかはわからないが、南西方面からの攻撃に対処する出丸として設けられたのは確かである。

なお、南側の山麓には「伝家老屋敷」とい

う名で呼ばれる曲輪がある。東西約二〇メートル・南北約二五メートルの矩形で、家老屋敷であったという。ただし、堀切・横堀・竪堀が設けられるなど、防御力はかなり高い。城主の居館があった可能性もあるだろう。

また、高知県立歴史民俗資料館では、岡豊城に関する資料や出土品の展示もある。帰りは、高知城に寄ってみてはいかがだろうか。

第三章　合戦の城

――難攻不落、攻防の最前線

各地に戦国大名が割拠《かっきょ》するなか、戦国大名同士による合戦が繰り広げられた。城を攻めるときの正攻法は、力任せに突破するという意味から、力攻めと呼ばれる。

力攻めをする場合には、鉄砲や弓の攻撃を受けながらも土塁・石垣にとりついて城内に侵入し、曲輪を征圧していった。また、火矢などで城内の建物を焼き払うこともあったようである。戦国時代の城では、建物の屋根は板葺き・柿葺きなどがほとんどであり、瓦などは用いられていない。建物が燃えてしまえば、城兵が隠れる場所はなくなる。たいていは、本曲輪が占拠された時点で落城した。

とは言え、力攻めには犠牲も多い。そのため、城内の兵糧が尽きるのを待つ兵糧攻めも行われている。当時、城内には、籠城に備えて、米・麦のほか、味噌・塩などが備蓄されていた。兵糧攻めは、こうした食糧がなくなるまで包囲を続けるわけで、攻める側にも時間的、経済的な余裕がなければできないのは確かである。

長期にわたる包囲では、敵も城外に付城《つけじろ》を築いている。付城は、攻撃のための陣になったことから陣城とも言う。

城は、包囲されたら必ずしも負けるというものではなかった。味方からの援軍が、包囲する敵軍を攻撃することもあったからである。これを後詰めと言う。援軍が来たことで守りきれた城も少なくない。

立花城

たちばなじょう

福岡県福岡市ほか
標高　約三七〇メートル
比高　約三〇〇メートル

大友氏と毛利氏による争奪戦

筑前《ちくぜん》国の立花城は、商業都市として繁栄していた博多に近いという要地にあり、古来、争奪戦が繰り広げられてきた。戦国時代には、豊後《ぶんご》国の戦国大名大友宗麟の一族である立花鑑載《あきとし》の居城となっていたが、永禄十一年（一五六八）、立花鑑載は九州への進出を図る毛利氏に通じ、大友宗麟に反旗を翻す。宗麟はすぐさま重臣の戸次《べっき》道雪《どうせつ》に三万の軍勢をつけて立花城を包囲させ、鑑載を自害に追い込んだ。このあと、立花城は、大友氏と毛利氏によって激しい争奪戦が繰り広げられることになる。

翌永禄十二年、毛利元就は四万余の大軍を北九州に送り込み、立花城を包囲した。そのため、立花城の城兵は毛利氏に降伏し、立花城は毛利方に奪われてしまった。しかし、宗麟も、指をくわえて見ていたわけではない。すぐさま、元就によって滅ぼされた大内氏の一族大内輝弘《てるひろ》を毛利氏の領国である周防国に侵攻させた。そのため、毛利軍は北九州から撤退し、元亀元年（一五七〇）、立花城は大友方に戻ったのである。

翌元亀二年、戸次道雪が立花城に入り、立花氏の名跡を継ぐ。こうして、立花城は最終的に、大友氏の属城になった。

立花宗茂《むねしげ》が守り切る

立花城へは、西鉄新宮駅から四キロほどの場所にある梅岳寺《ばいがくじ》から上る。この梅岳寺には戸次道雪の墓もあるので、お参りしてから登城することにしよう。

道雪は天正十三年（一五八五）に病没し、立花氏の家督は、道雪の娘誾千代《ぎんちよ》の婿であった宗茂が継いだ。勇将として知られる宗茂は、天正十四年、大友氏と対立する島津氏が立花城を攻めてきたときには一か月にわたってその猛攻を食い止め、豊臣秀吉の九州攻めを迎えている。秀吉による九州平定後、宗茂は筑後《ちくご》国の柳川《やながわ》に移り、立花城には毛利氏の一門である小早川隆景が入った。

立花城が築かれている立花山は、主峰である井桜山のほか、松尾山・白岳などで構成さ

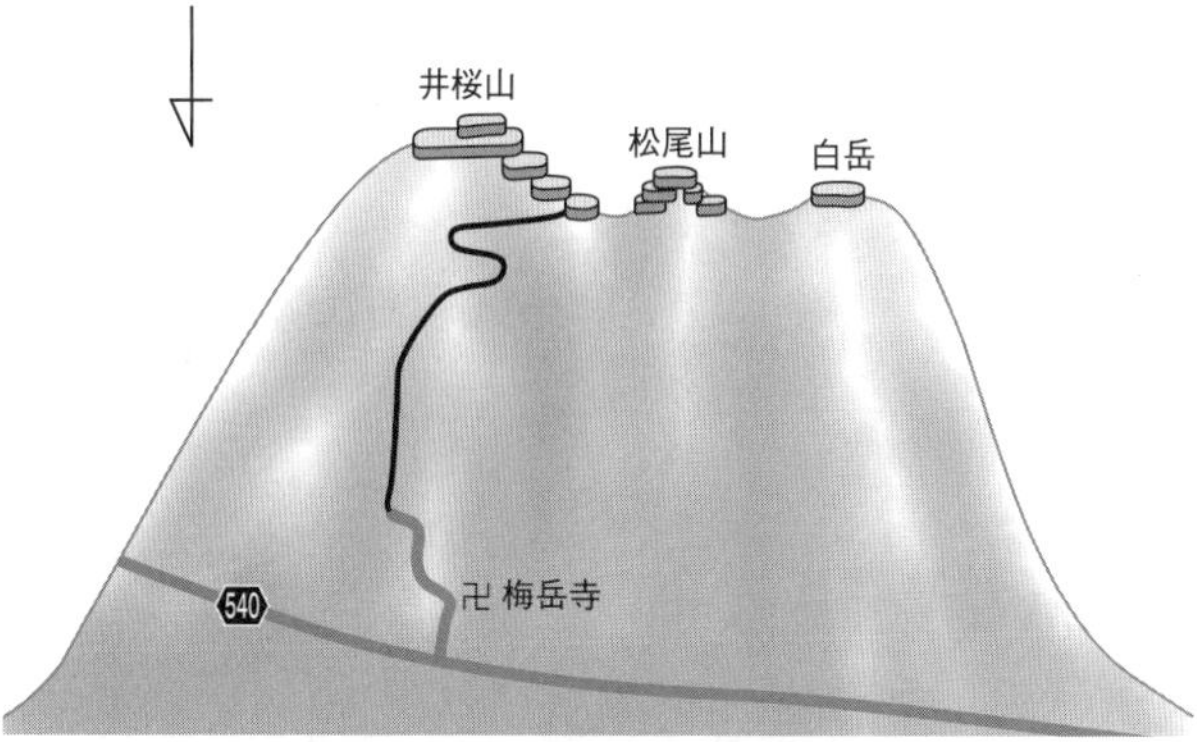

れている。ハイキングコースにもなっているため、梅岳寺脇の登城路から上っても歩きやすい。

小早川隆景の改修

中腹には石垣で組まれた井戸が残る。前述の通り、籠城に井戸はかかせないものであり、城内には、いくつもの井戸があったのだろう。

立花城は総石垣で築かれていたらしく、ところどころに石垣が残る。ただし、それらの石垣は、大友氏の時代ではなく、小早川氏の時代のものであるらしい。そのころ、朝鮮出兵を計画していた秀吉は、小早川隆景に筑前国を押さえさせようとしたのである。

隆景は、その後、博多湾に面していた名島《なじま》城に居城を移し、隆景の養子秀秋《ひであき》は、関ヶ原の戦いで東軍勝利の立役者となったため、筑前国から備前国に加増のうえ転封《てんぽう》されている。代わって、筑前国には黒田長政が入り、その長政が新たに福岡城を築くにおよび、立花城は廃城となった。そのとき、立花城の石垣は、福岡城に運ばれているので、城跡に残る石垣は、そのとき運ばれなかったものということになる。

こうした石垣を見ながら進めば、麓から五〇分ほどで井桜山の山頂に着く。ここが、立花城の最高所であり、博多湾や福岡ドームも一望できる。立花城の中心部からは、発掘調査により瓦が見つかっているので、瓦葺きの建物が存在していたのは間違いない。井桜山の部分を東城、松尾山・白岳の城を西城と言い、それぞれに曲輪が設けられていた。立花城は、かなりの巨城だったことになる。

周辺の曲輪を探訪したら、来た道を引き返すとしよう。帰りがけには、立花城の廃城後に筑前国の中心となった名島城や福岡城にも立ち寄りたい。

高天神城

たかてんじんじょう

静岡県掛川市
標高　約一三〇メートル
比高　約一〇〇メートル

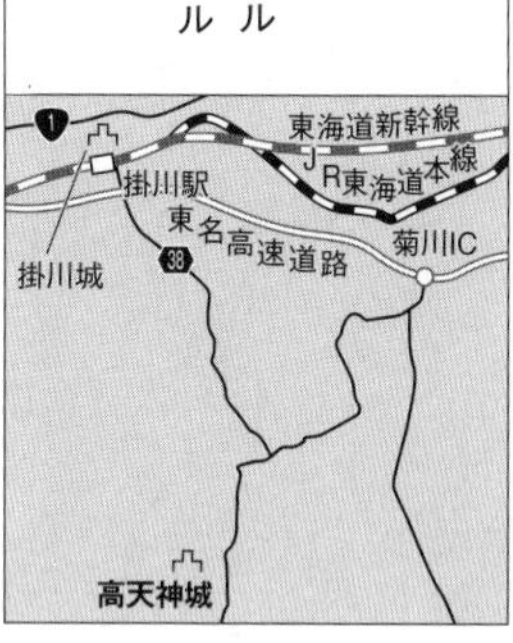

徳川氏と武田氏による攻防戦

高天神城は、戦国時代、駿河《するが》国の戦国大名今川氏親《うじちか》が遠江《とおとうみ》国侵攻の拠点として築いたとされる。やがて今川氏は、遠江国を征圧し、氏親の子義元《よしもと》の時代には、さらに西の三河《みかわ》国にまで勢力を拡大させていた。しかし、その義元は、永禄三年（一五六〇）、桶狭間《おけはざま》の戦いで尾張国の織田信長と戦い、敗死してしまう。これにより、今川氏の勢威は著しく衰え、ついには、甲斐国の武田信玄と、三河国の徳川家康が駿河・遠江両国に侵入する事態になったのである。

結局、義元の子氏真《うじざね》は領国を失い、戦国大名今川氏は滅亡した。こうしたなか、家康によって遠江経略の最前線に位置づけられたのが高天神城である。信玄と家康の間には、駿河国を武田領、遠江国を徳川領とする密約があったとも言うが、今川氏の滅亡後、武田氏と徳川氏は、激しく対立することになる。以来、高天神城において、徳川氏と武田氏との間で攻防戦が繰り広げられることになった。

武田勝頼の攻撃

高天神城へは、JR掛川駅からバスに乗り、「土方《ひじかた》」で下車し、徒歩約一五分で着く。搦手口から登城するのが一般的となっているが、あえて大手口から登城してみよう。

大手道から上ると、まず三の丸に至る。この三の丸は、小笠原与左衛門曲輪とも言う。天正二年（一五七四）、高天神城は武田信玄の跡を継いだ子の勝頼に攻撃されるが、このとき、城主小笠原信興《のぶおき》の一族小笠原与左衛門が守備していたという。

三の丸からさらに上ると、御前《ごぜん》曲輪に至る。御前曲輪は、城内でもっとも眺望が開けた曲輪で遠州灘や御前崎《おまえざき》を望むことができる。なお、この曲輪にあるコンクリートの基礎は、戦前に建てられた模擬天守のもので、もちろん、戦国時代の遺構ではない。

御前曲輪からさらに北に進めば本丸である。東西約一〇メートル・南北約九〇メートルの長方形をしていて、礎石も見つかっている。当時は、かなり大がかりな建物が建ってい

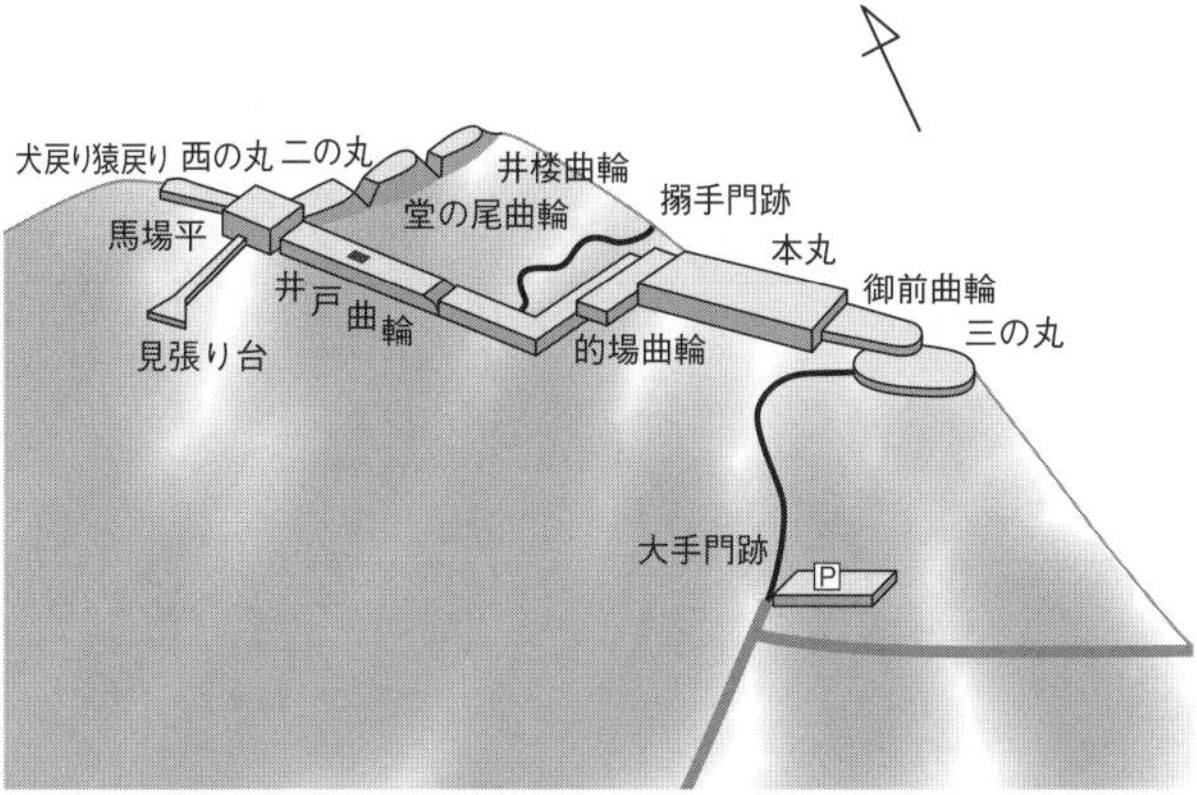

たらしい。武田軍に攻撃されたとき、本丸を守っていたのは、城主の小笠原信興である。信興は家康に援軍を要請したものの間に合わず、結局、徳川方は降伏した。しかし、家康の家臣すべてが武田勝頼に帰順したわけではない。本丸の北下には、降伏を拒んだ大河内政局《まさちか》が幽閉されていたという土牢が残っている。

武田氏による城域の拡張

本丸から北に下っていくと、的場《まとば》曲輪に出る。ここは、搦手口からの登城道を監視していた曲輪であるらしいが、兵糧を備蓄する倉庫跡とおぼしき遺構も見つかっている。

的場曲輪から西に下ると井戸曲輪である。なお、高天神城は、この井戸曲輪を境に東峰と西峰にわかれている。本丸のある東側の曲輪群を東峰と呼び、西側の曲輪群を西峰と呼ぶ。今川氏や徳川氏の時代の高天神城は、東峰だけであったらしい。おそらく西峰のほうから攻撃を加えていた勝頼は、西峰を高天神城の弱点と見ていたのであろう。高天神城は、北・東・南側の三方が絶壁という天嶮の要害であったが、唯一、西側はなだらかな丘陵につながっていた。そのため、武田勝頼は高天神城を攻略すると、ただちに西峰まで城域を拡張したのである。

そのまま西峰に進んで行くと、二の丸・馬場曲輪・堂の尾曲輪を経て、北端の井楼《せいろう》曲輪に至る。堂の尾曲輪から井楼曲輪の間は、大規模な堀切が設けられており、当時は、木橋が架けられていたようだ。

西峰は、全体的に西側が緩やかな斜面となっている。このため、二の丸南端から堂の尾曲輪、井楼曲輪に至るまで横堀が設けられているが、その延長は約二〇〇メートルにもおよぶ。堀の深さは五メートルほどもあり、そう簡単に突破できるようなものではなかったろう。

徳川家康が奪回

井楼曲輪まで来たら、引き返して西の丸に向かおう。西の丸は、東峰よりもやや高く、西峰の最高所にあたり、周囲に見張り台、馬場平《ばばだいら》を設けている。家康は天正八年（一五八〇）から、高天神城の奪還を目指して完全に包囲しているが、この西の丸を集中的に攻撃したらしい。城を守る岡部元信《もとのぶ》は、勝頼に対して救援を要請するものの、そのころ伊豆で北条氏政《うじまさ》と対峙していた勝頼は、援軍を送ることができなかった。結局、岡部元信ら城兵は、天正九年（一五八一）三月二十二日、城から打って出て玉砕したのである。玉砕した城兵の数は、七百余という。

なお、馬場平の西端からは、「犬戻り猿戻り」と呼ばれる細道が城外に続いている。犬や猿でも通ることを諦めると言われるほどの難所で、高天神城が落城したとき、武田氏の軍監《ぐんかん》横田尹松《ただとし》は、ここを通って甲斐まで逃れ、勝頼に落城を報告したという。

西の丸には、現在、高天神社が鎮座している。高天神社は、菅原道真などを祀る古社で、戦国時代には東峰に祀られていたらしく、江戸時代になってこの西の丸に遷座《せんざ》されたという。

搦手口からの登城路は、この高天神社の参道として整備されている。井戸曲輪まで戻ったあとは、その搦手口から下ってもよいし、来た道である大手口から戻ってもよいだろう。

八上城

やかみじょう

兵庫県篠山市
標高　約四六〇メートル
比高　約二一〇メートル

波多野氏の居城

八上城は、篠山盆地のほぼ中央に位置し、「丹波富士」とも呼ばれる高城山に築かれている。戦国時代には、丹波国でもっとも勢威を誇った国人として知られる波多野《はたの》氏の居城であった。

波多野氏は、波多野稙通《たねみち》のとき、実弟の香西元盛《こうざいもともり》・柳本賢治《やなぎもとかたはる》らとともに畿内に勢威を拡大し、室町幕府の管領細川晴元を支えたことから、晴元に反旗を翻した三好長慶と対立する。このため、八上城は三好軍に何度も攻撃されたが、そのたびに三好軍を退け、難攻不落と謳われた。

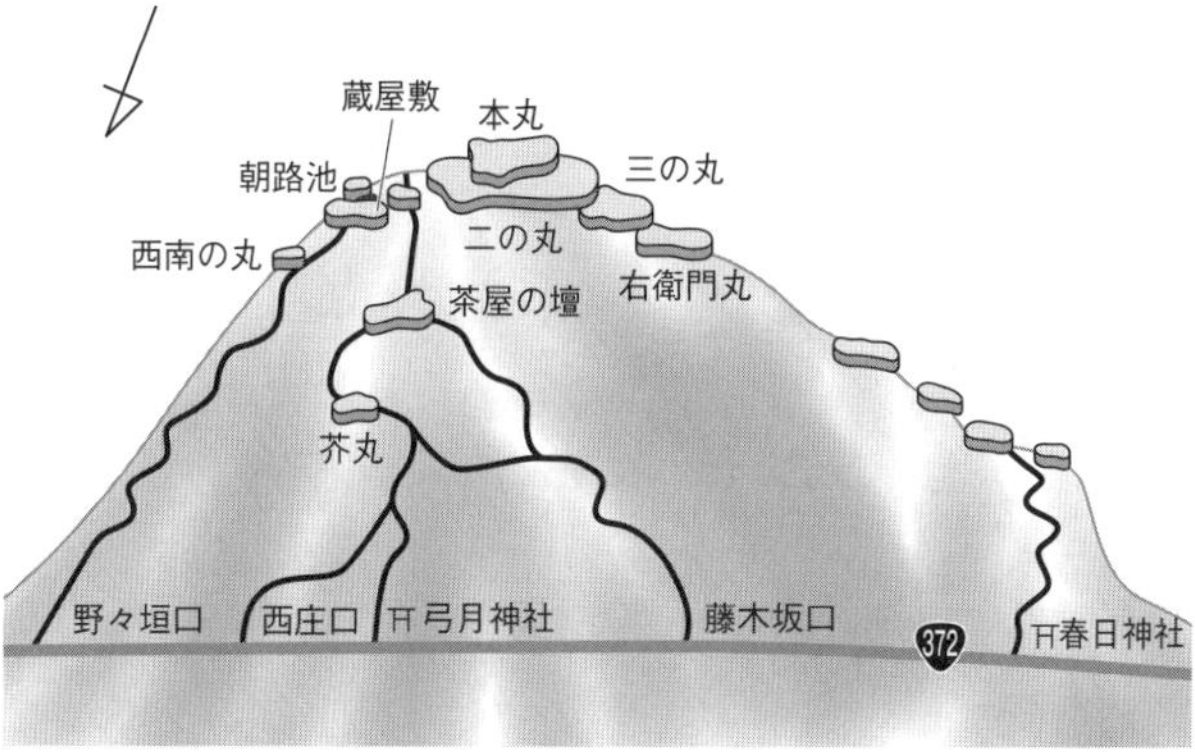

明智光秀によって攻略される

八上城へはJR福知山線篠山口駅からバスに乗り、「十兵衛茶屋」で下車する。八上城の北側には山陰道が通っており、この山陰道側から登城することになる。登城路は、西から東にかけて、春日神社口、藤木坂口、弓月神社口、西庄口、野々垣口などと続く。波多野氏の時代には東側の野々垣口あたりが大手であったと言われているので、この野々垣口から上ってみることにしたい。

野々垣口から上ると、中腹を越えたあたりで井戸曲輪の近くに至る。井戸曲輪には、直径約三メートルの石積み井戸がある。戦国時代の山城において、飲料水の確保がもっとも重要な課題であったから、井戸は厳重に防備されていた。八上城の井戸曲輪も、大堀切によって尾根と遮断されている。ちなみに、この井戸は「朝路池《あさじ》」と呼ばれているが、その名は、波多野氏最後の当主波多野秀治の娘の名に由来するという。

畿内を征圧していた三好氏が長慶の死後に没落したあと、丹波国には足利義昭を奉じて上洛した織田信長が勢力を伸ばしてきた。このとき、波多野秀治は信長に帰順したのだが、その後、やはり丹波国に勢力を伸ばしてきた毛利輝元について、信長に反旗を翻す。このため、八上城は天正六年（一五七八）から、信長の命を受けた明智光秀によって攻められることになったのである。秀治は一年以上の籠城を続けたものの、天正七年六月、降伏開城した。秀治の娘朝路姫が、このとき井戸に身を投げたというが、史実であるかはわからない。ちなみに、捕らえられた秀治は、信長のいる安土まで送られ、磔《はりつけ》にされている。

水の手曲輪の上には番所があり、番所からさらに進むと、本丸に至る。本丸は、高城山の最高所に位置し、広さは東西約三四メートル・南北約二八メートルと、それなりに広い。明智光秀に包囲されたときには、城主波多野秀治もここで指揮をとったのであろう。

本丸の中央に聳《そび》えているのは、昭和六年（一九三一）に建てられた「贈従三位《じゆさんみ》波多野秀治公表忠碑」である。毛利氏に最後まで忠誠を尽くした波多野秀治を顕彰したもので、揮《き》毫《ごう》したのは、時の毛利氏当主毛利元昭《もとあきら》であった。

本丸から西側に下ると、二の丸・三の丸へと続き、さらに急坂を下ると、右衛門《うえもん》丸に至る。右衛門とは、波多野秀治の通称で、ここに秀治の居館があったという。

篠山《ささやま》城が築城されて廃城

秀治が明智光秀に降伏したあと、八上城は光秀の支城となり、光秀が山崎の戦いで敗死したあとは、羽柴秀吉の命で、五奉行の一人前田玄以《げんい》とその子茂勝《しげかつ》が入っている。右衛門丸から下っていくと、いくつかの小さな曲輪を経て、春日神社口に出る。ここは、波多野氏の時代には搦手口であったところで、前田氏の時代に大手口になったという。名前の通り、ここには波多野秀治によって祀られたと言われる春日神社があり、周囲には前田氏の居館があったとされている。

関ヶ原の戦いののちには、八上城には松平(松井)康重《やすしげ》が入った。そして、この康重が篠山城を新たに築いたことにより、八上城は廃城となっている。

帰りにはぜひ、篠山城にも寄ってみたい。大書院が木造で復元され、内部には資料も展示されている。また、篠山城の天守台からは八上城がよく見える。

黒井城

くろいじょう

兵庫県丹波市
標高　約三六〇メートル
比高　約二四〇メートル

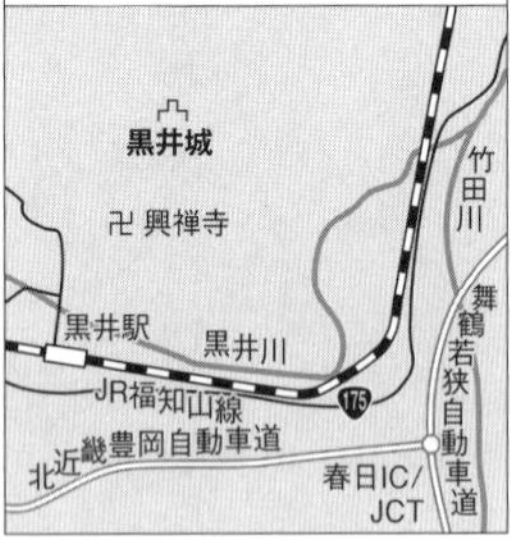

黒井城を奪取した赤井直正

室町時代、丹波国は、丹後国の守護一色氏の支配下におかれ、一色氏の守護代内藤氏が実権を握っていた。しかし、応仁・文明の乱を機に一色氏の権勢は弱まり、やがて、丹波国では、国人の波多野氏、荻野氏、赤井氏が台頭していく。

黒井城がいつごろ築かれたのかは不明であるが、戦国時代には荻野秋清の居城となっていた。しかし、天文二十三年（一五五四）、荻野氏の同族である赤井直正が荻野秋清を暗殺し、黒井城を乗っ取ったという。このあと、赤井直正は、自ら荻野氏を名乗ってもいる。

その後、畿内に織田信長が進出を果たすと、赤井直正は信長に従い、丹波国の氷《ひ》上《かみ》・天《あま》

黒井城

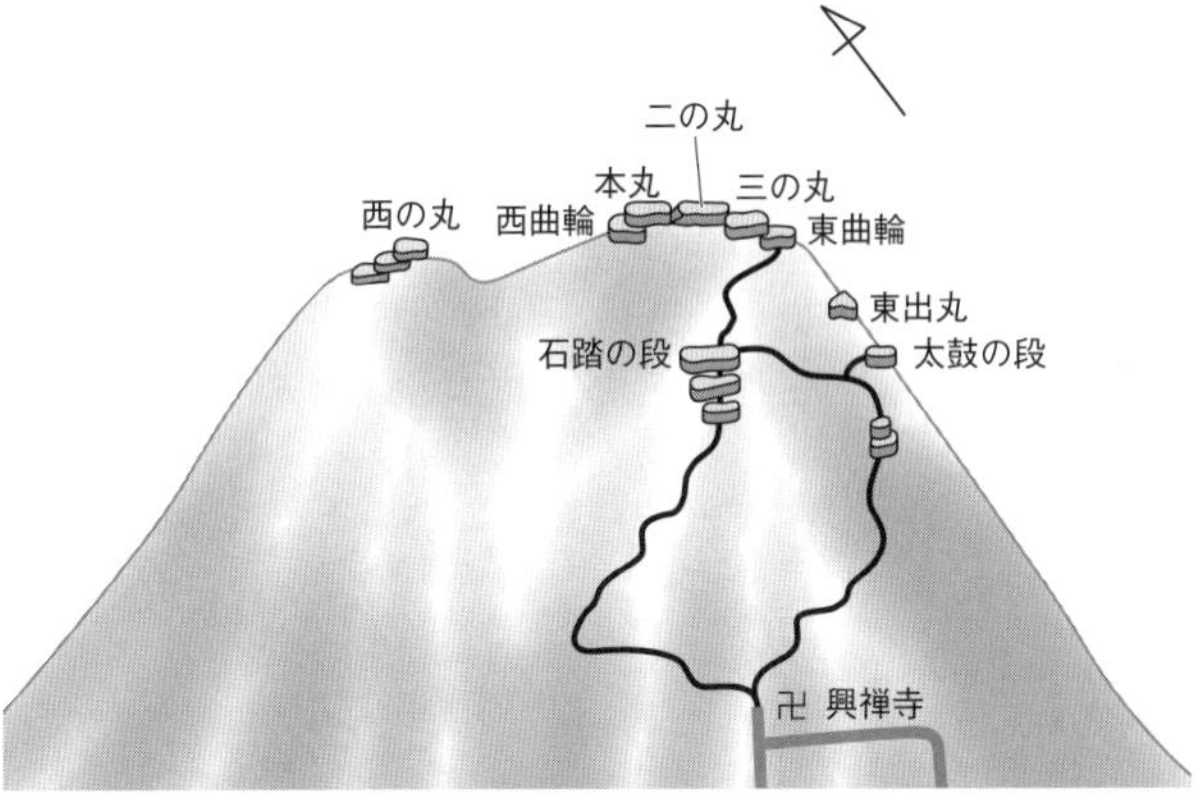

田《た》・何鹿《いかるが》郡を安堵された。しかし、信長が将軍となった足利義昭と対立するようになると、直正は毛利輝元に近づいていく。そして、毛利輝元が因《いな》幡《ば》国へと進出すると、自ら但馬《たじま》国に侵入して、竹田城（188ページ）を占領する。このため、但馬国の山名祐豊は、直正の排除を信長に要請したのである。こうして天正三年（一五七五）、黒井城は信長の命を受けた明智光秀の軍勢に攻撃されることになった。

丹波に侵攻した光秀は、織田方に降った丹波国の国人らとともに黒井城を囲む。しかし、落城を目前にした翌天正四年、味方していた丹波国八上城（108ページ）の波多野秀治が、突如、信長に反旗を翻して明智勢を攻撃したため、光秀の黒井城攻めは失敗に終わってしまう。

黒井城の落城

明智光秀を苦しめた赤井直正は、天正六年（一五七八）に死去し、子の直義（直照）が幼少のため、叔父にあたる赤井幸家が陣代として指揮をとることになった。しかし、このころすでに黒井城をのぞく丹波国の諸城は光秀に攻略されており、援軍のあてもない。そうしたなか、直義と幸家は黒井城を自焼し、逃亡を図ったのである。

こうして、黒井城を攻略した明智光秀は、重臣の斎藤利三《としみつ》に守らせることにした。ちなみに、この斎藤利三の娘こそが、のちに江戸幕府三代将軍徳川家光の乳母となる春日局《かすがのつぼね》である。春日局は、この黒井城で誕生したという。

しかし、天正十年（一五八二）、斎藤利三は山崎の戦いで明智光秀とともに敗北する。このあと、黒井城には、秀吉の代官として家臣の堀尾吉晴が入り、堀尾吉晴が天正十三年（一五八五）に近江国佐和山に移ったあと、廃城になったらしい。黒井城は、斎藤氏・堀尾氏の時代に、石垣を持つ近世城郭に改修されたという。

山上の石垣

黒井城へは、ＪＲ福知山線黒井駅からは徒歩およそ一〇分で着く。秋には、朝霧に浮かぶ天空の城を見ることもできる。

登城道は、山麓の居館があった場所とされる興禅寺から続いており、およそ二〇分で石《いし》踏《ふみ》の段と呼ばれる曲輪に至る。この曲輪は東西約三五メートル・南北約一〇メートルで、南側には二段の曲輪がある。

石踏の段からは、一〇分ほどで東曲輪に着く。この東曲輪は主郭部の東端に位置していた。東曲輪から西に向かえば三の丸で、三の丸の石垣部分には隅櫓《すみやぐら》が建てられていたらしい。二の丸から、大きな空堀を越えれば、そこが本丸である。本丸からは城下が一望できる。本丸や二の丸からは瓦が出土しているので、瓦葺きの建物が建てられていたようである。

本丸のすぐ北は西曲輪で、さらに西方に延びる尾根上には、西の丸と呼ばれる曲輪群がある。余力があれば、西の丸まで行ってみたい。

上月城

こうづきじょう

兵庫県佐用郡佐用町
標高　約一九〇メートル
比高　約一〇〇メートル

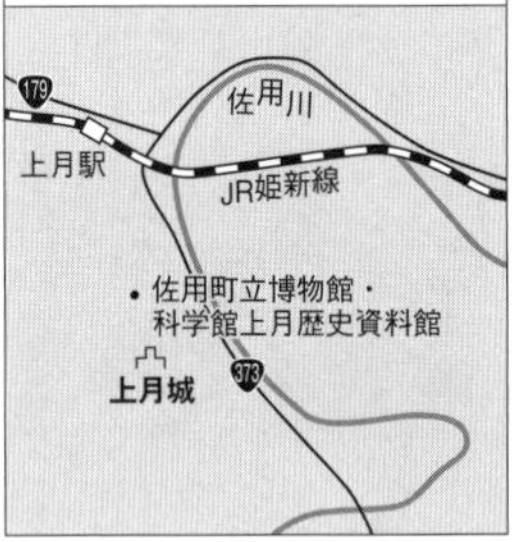

赤松氏の庶流上月氏の城

播磨《はりま》国は、室町時代の初めから、守護赤松氏が勢威を誇っていた。上月城の城主も、もとはと言えば、赤松氏の庶流にあたる上月氏である。しかし、赤松氏は嘉吉元年（一四四一）、惣領の赤松満祐《みつすけ》が六代将軍足利義教《よしのり》を暗殺したことから但馬国の山名宗全らに追討され、上月氏も城を追われてしまう。このあと、上月城をめぐって、赤松氏と山名氏の間で争奪戦が繰り広げられることになった。上月城は、播磨国の北西に位置し、備前国・美《みま》作《さか》国との国境にも近い要衝だったからである。

上月城は、ＪＲ姫《き》新《しん》線上月駅から徒歩一〇分ほどのところにある。麓からの高さも百メ

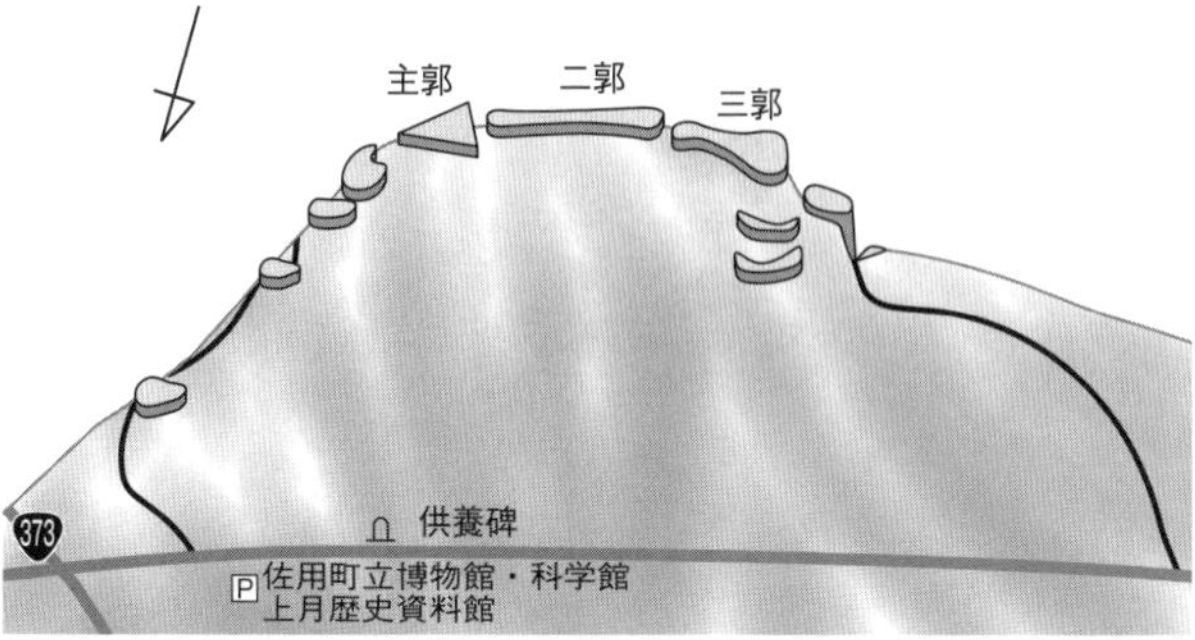

ートルほどと、山城としては低い場所に築かれていて、規模も小さい。しかし、南北が急な斜面となっている天嶮の要害であった。上月歴史資料館の前に登城口があるので、ここから上ることにしよう。

東側の尾根は、いくつかの堀切で遮断されており、こうした堀切を越えながら上ると、およそ一五分で主郭に着く。主郭は、一辺が二〇メートルほどの三角形をしていて、あまり広いとは言えない。

串刺しにされた城兵の妻子

戦国時代、上月城は置《お》塩《じお》城の赤松氏の一族赤松政範《まさのり》が城主となっていた。そのころ、播磨国には、東から織田信長、西から毛利輝元の勢力が伸びてきており、最終的に、赤松政範は毛利氏につく。このため、天正五年（一五七七）十一月、上月城は、信長の命を受けた羽柴秀吉の攻撃を受けて落城してしまったのである。赤松政範は自刃し、家臣の妻子二百余人は、串刺しにされて殺されたという。主郭には、現在、赤松政範を供養するための「赤松蔵人大輔《くらんどたいふ》政範君之碑」が建てられている。

こうして、上月城は、織田方の属城となったが、信長はこの上月城に、毛利氏によって滅ぼされた尼子氏の一族尼子勝久とその家臣山中鹿介を入れた。信長は、勝久主従であれば、毛利方につくことは絶対にないと考えたのだろう。しかし、上月城は、織田方になって半年もたっていない天正六年（一五七八）四月、三万の毛利軍に包囲されてしまう。このとき、播磨国では三木城の別所《べっしょ》長治らが織田方から離反していたため、織田軍は救援に赴くことができなかった。結局、勝久は自刃し、鹿介は、捕らえられて護送される途中に殺されてしまったのである。

周囲に点在する陣城

主郭から西に向かうと、五〇メートルにわたって細い削平地《さくへいち》がある。これが二郭で、二郭の先には三郭がある。三郭はかなり広く、東西で二段に区分けされており、籠城時には、城兵が詰めていたと考えられている。三郭から西は、二本の堀切や複数の竪堀が設けられており防御は固い。このまま西側の登城道を下っていってもよいし、来た道を引き返してもいいだろう。

上月歴史資料館に戻れば、近くに尼子勝久らの供養碑も建てられている。上月城の戦いの資料も展示されているので、ぜひ立ち寄りたい。また、上月城の周囲には、毛利方・織田方双方が築いた陣城もあるので、時間があれば訪れてみよう。

鳥越城

とりごえじょう

石川県白山市
標高　約三一〇メートル
比高　約一三〇メートル

加賀一向一揆

鳥越城へは、北陸鉄道石川線鶴来《つるぎ》駅からバスに乗って「釜清水」で下車し、道の駅「一向一揆の里」を目指すことになる。その名の通り、ここはかつて、加賀一向一揆の一大拠点であった。ただし、バスの本数が非常に少ないので、車を利用したほうがよいかもしれない。

一向一揆とは、一向宗、すなわち浄土真宗本願寺派の門徒による一揆であり、長享二年（一四八八）には加賀国の守護であった富樫《とがし》政親《まさちか》を滅ぼしている。以来、本願寺が加賀国を支配下においたのである。

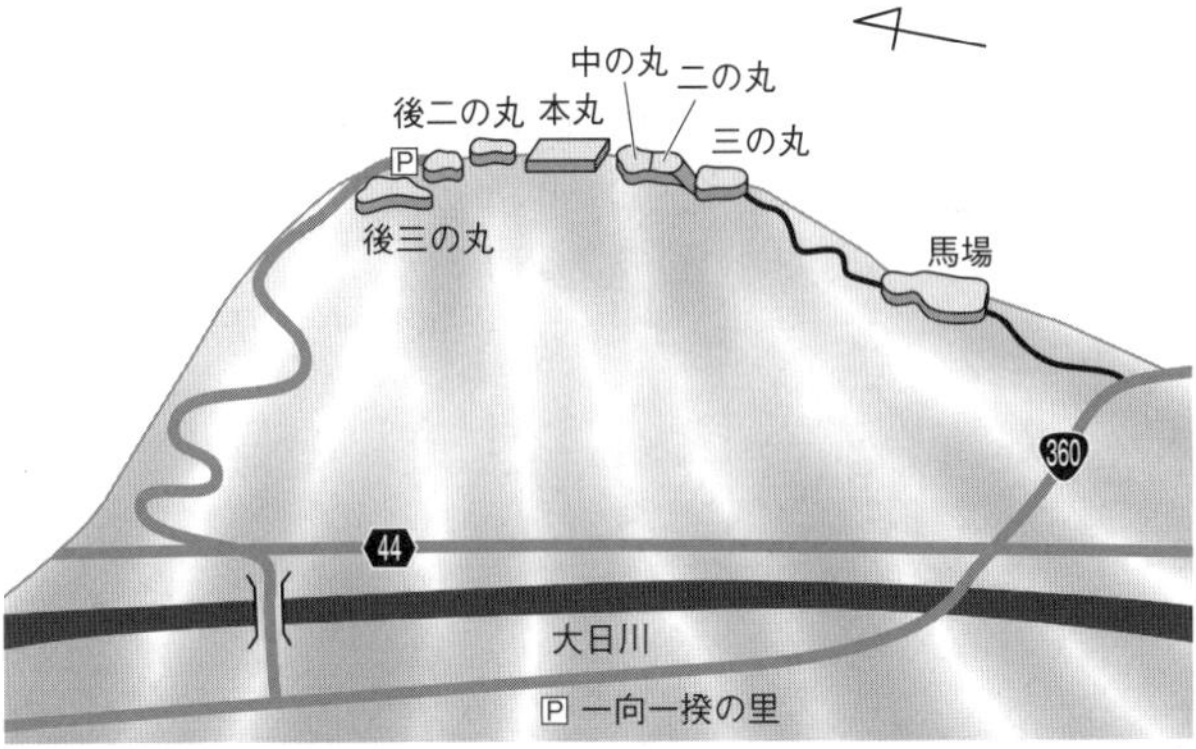

しかし、天正三年（一五七五）に織田信長が越前一向一揆を滅ぼすと、その家臣柴田勝家と佐久間盛政らが加賀国へと侵攻していく。そうした状況のなか、一向宗の白山麓《はくさんろく》門徒組織である山内衆の代表であった鈴木出羽守《でわのかみ》が鳥越城を築いたとされる。鈴木出羽守は、紀伊の雑賀衆《さいかしゅう》を率いた鈴木孫一《まごいち》の一族とも言われるが、はっきりとしたことはわからない。雑賀衆は一向宗の門徒であったから、それが事実だとすれば、一向一揆の拠点を守るために呼ばれたことになろう。

柴田勝家が攻略

「一向一揆の里」からは、案内にそって鳥越城の登城道に向かう。山の西側からの登城道から歩いたらおよそ二〇分、車ならば数分で後三の丸下に着く。この後三の丸が城内でもっとも広い曲輪となっている。後三の丸の周囲には空堀が設けられているが、後二の丸との間には、あやめが池と呼ばれるちょっとした水堀がある。この池の湧き水が、城内の飲料水をまかなっていたようだ。

後三の丸から南に向かうと、後二の丸に至る。後二の丸からは、礎石が見つかっており、大がかりな建物があったらしい。本丸との間にも薬研《やげん》堀があって、かなり厳重に防御されている。

本丸は、鳥越山の最高所に位置しており、眺望もよい。天正八年（一五八〇）、加賀一向一揆の本拠である金沢の尾山《おやま》御坊を陥落させた柴田勝家・佐久間盛政率いる織田軍がこの鳥越城を包囲しているが、本丸からはその動きが手にとるようにわかったであろう。鈴木出羽守らが防戦につとめたため、鳥越城は、なかなか落城しなかった。そのため、織田方は偽りの和睦を結び、門徒を騙し討ちにしたという。その後、鈴木出羽守ら一九人の首は安土に送られて晒《さら》され、ここに、百年間にわたる本願寺の加賀支配に終止符が打たれたのである。

翌天正九年、一向一揆が再び蜂起して鳥越城を奪回したものの、すぐさま佐久間盛政によって鎮圧された。このときには、門徒三百人が磔にされたという。

こののち、鳥越城は、織田方の城として改修された。現在、本丸の入口には石垣を土台とした門が再建され、内部には礎石が残されているが、これらは織田方によって改修されたときの姿だと考えられている。

鳥越城とともに落城した二曲《ふとげ》城

本丸の門のすぐ南側は中の丸で、さらに進めば二の丸に至る。中の丸と二の丸は続いているように見えるが、高低差をつけて区分している。二の丸は、中の丸に連なる北側以外の三方を土塁で囲んでおり、かなり堅固なつくりになっていた。

二の丸の南側には巨大な堀切が設けられており、この堀切を越えれば三の丸である。この三の丸が鳥越城の最南端だった。

それでは、ここから引き返して、「一向一揆の里」に戻るとしよう。併設されている白山市立鳥越一向一揆歴史館では、加賀一向一揆について学ぶこともできる。

時間があれば、南方一キロメートルの場所にある二曲城にも行ってみたい。二曲城は、織田軍が攻めてきたときに、鳥越城の出城として機能していたところで、鳥越城とともに落城した。二曲城の主郭まで上れば、鳥越城がよく見える。

岩屋城

いわやじょう

福岡県太宰府市
標高　約二八〇メートル
比高　約二三〇メートル

大宰府を守る大野城

岩屋城のある筑前国御笠《みかさ》郡は、かつて「遠《とお》の朝廷《みかど》」とも呼ばれ、外交と海防を司る朝廷の機関として大宰府《だざいふ》がおかれたところである。天智天皇二年（六六三）、日本は滅亡した百済《くだら》を救援するために朝鮮半島へ渡海したものの、唐・新羅《しらぎ》の連合軍に敗れてしまう。

このとき朝廷は、大宰府背後の四王寺《しおうじ》山に大野城を築き、唐・新羅連合軍による侵攻に備えている。結果的に、唐・新羅連合軍による侵攻は現実のものとはならなかったが、それだけ、朝廷にとって重要な場所であったことは疑いない。

ちなみに、四王寺山とは、大城山・岩屋山・水瓶《みずがめ》山・大原山と呼ばれる四つの山の総称

岩屋城

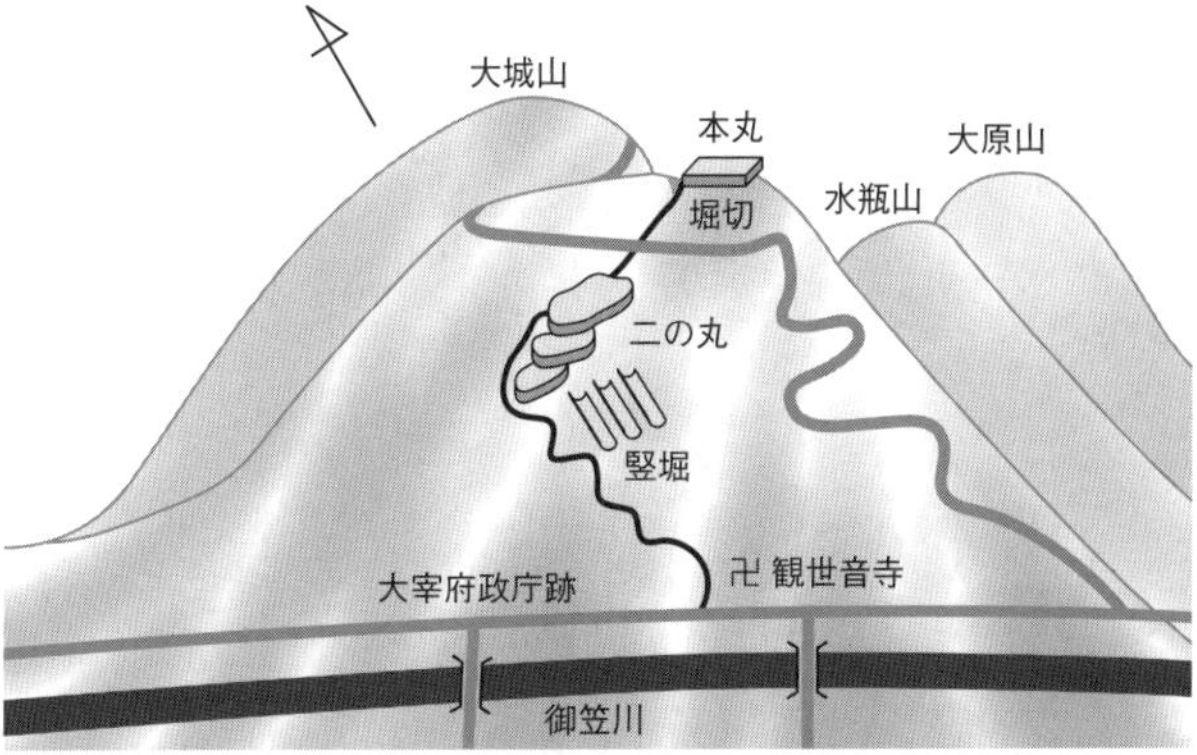

である。そのうちの岩屋山に築かれた城を岩屋城と呼ぶ。

大友氏と島津氏の争い

　岩屋城は、戦国時代、豊後国の戦国大名大友氏の庶流にあたる高橋鑑種《あきたね》によって築かれ、立花城とともに大友氏による筑前支配の拠点となっていた。しかし、高橋鑑種は、そのころ北九州に進出してきた安芸国の毛利元就に内通したため、大友宗麟によって追放されてしまう。そこで、高橋氏と同じく大友氏の庶流にあたる吉弘鑑理《よしひろあきまさ》の次男紹運《じょううん》が高橋氏の名跡を継ぎ、岩屋城に入ったのである。

　こうして、大友宗麟による北九州の支配は安定するかに思えたが、天正六年（一五七八）、薩摩国の島津義久に耳川《みみかわ》の戦いで敗れてしまう。その後も、島津氏による圧力は強まっていき、とうとう岩屋城は、天正十四年（一五八六）七月十四日、島津義弘率いる五万の大軍に包囲されてしまった。

もっとも、五万の大軍であっても、岩屋城を一気に攻めることはできない。力攻めをすれば犠牲が多くなると判断した島津方は降伏を勧めたが、紹運は拒絶する。ここに、岩屋城の戦いが始まったのである。

玉砕した城兵

岩屋城へは、西鉄太宰府線の西鉄五条駅で下車し、ここから徒歩で観世音寺に向かおう。観世音寺は、奈良時代、僧になるための戒律を授ける戒壇が設けられた古刹で、大和国の東大寺、下野《しもつけ》国の薬師寺とともに「天下三戒壇」の一つにあげられている。この観世音寺は、岩屋城を攻撃する島津軍の本陣になったところだった。

観世音寺近くの登城道から上ると、山麓からおよそ三〇分ほどで、二の丸に着く。この二の丸の南東には尾根伝いに無数の堀切・竪堀があり、南西には階段状の曲輪群がある。厳重な防御が施されていることからすると、ここが戦闘の最前線だったらしい。

島津軍が攻めてきたとき、城を守っていた城兵はわずか七百ほどだった。それでも、大木を落としたり、鉄砲で狙撃するなどして必死に防戦している。しかし、籠城戦が一〇日ほど続き、城兵が疲労したころを見計らって、島津軍は総攻撃をかけてきたのだった。七月二十六日未明のことである。

島津軍の猛攻により、岩屋城は、たちまち本丸と二の丸だけになってしまう。このとき、島津義弘は、再度、紹運に降伏開城を呼びかけた。力攻めをした場合、島津軍の被害が甚大になることを恐れたためである。

義弘は、降伏すれば城兵の命を助けるとともに、紹運の所領を安堵すると伝えたが、すでに城を枕に討ち死にする覚悟を決めていた紹運は、降伏開城を拒否した。こうして、島津軍による猛攻が再開されたのである。

結局、城を守りきることができなかった紹運は自害を遂げ、残る城兵もすべて玉砕した。現在、二の丸には紹運の墓が建てられている。

大宰府政庁跡を望む

二の丸からさらに登城道を上っていくと、林道に出る。ここまでは、麓から車で来ることもできるが、駐車場は整備されていない。本丸には、この林道を越えたところから上ることになる。

本丸への入口を入ったところは、大きな堀切となっている。この堀切で、本丸北側の尾根を遮断し、防備を固めているわけである。本丸はこの堀切のすぐ上にあるが、東西約一五メートル・南北約三〇メートルと、あまり広くはない。純粋に、戦闘を指揮するための曲輪だったのであろう。眺望はすこぶるよく、眼下には、大宰府の政庁跡もよく見える。観世音寺に布陣した島津軍の動きも、手にとるようにわかったであろう。

現在、本丸には「嗚呼壮烈岩屋城址」の碑が建てられている。この碑は、昭和三十年（一九五五）に、高橋氏の家臣の子孫が建てたものである。

岩屋城は落城したものの、豊臣秀吉による九州平定により、島津氏は降伏することになった。小さな城ではあるが、歴史の大きな舞台であったことに思いをはせながら、来た道を引き返すとしよう。

先ほどの林道は大野城に続いているので、大野城に立ち寄ってもいい。古代の山城が今に残されている。

また、岩屋城から四キロメートル東には、岩屋城の本城であった宝満城もある。島津軍が攻めてきたとき、宝満城は、紹運の子直次が守っていた。直次の実兄は立花城を守っていた立花宗茂で、九州平定後は、独立大名となった兄に従い、筑後国に移っている。余力があれば、宝満城にも行かれてはどうだろう。

八王子城

はちおうじじょう

東京都八王子市
標高　約四七〇メートル
比高　約二四〇メートル

小田原攻め

武蔵《むさし》国の西端に位置する八王子城は、関東に覇を唱えた相模《さがみ》国の戦国大名北条氏の支城である。武蔵国と甲斐国を結ぶ小仏《こぼとけ》峠を押さえる要衝にあり、甲斐国からの侵入を防ぐとともに、甲斐国へ侵攻する際の拠点とするべく築かれたものと考えられる。

北条氏は、戦国時代、相模国を中心に、伊豆《いず》国・武蔵国・下総《しもうさ》国・上総《かずさ》国・上野《こうずけ》国などを支配下においていた。しかし、四代目の北条氏政とその子氏直《うじなお》のとき、関白として政権を樹立した豊臣秀吉に服属することを拒んだことから、中央との対立は激しくなっていく。八王子城は、豊臣秀吉との戦いが現実味をおびるなか、氏政の弟氏照《うじてる》によって築かれた。

天正十八年（一五九〇）三月、豊臣秀吉との交渉はついに決裂してしまう。こうして、関東には秀吉率いる二〇万の大軍が攻め寄せてくることになったのである。これを小田原攻めと呼ぶ。もっとも、秀吉は、ただ北条氏の本城である小田原城を包囲しただけではない。小田原城を包囲した秀吉は、関東各地に散らばる北条方の支城をも攻めさせたのである。

八王子城には、上杉景勝・前田利家らが率いる豊臣軍が大挙して押し寄せてきた。六月二十三日のことである。このとき、城主の氏照は小田原城の守備にあたっていたため、八王子城にはいない。城を守っていたのは、城代の横地吉信以下、狩野一庵、中山家範、近藤綱秀ら千余の家臣にすぎず、激しい攻防戦が繰り広げられることになった。

八王子神社が鎮座

八王子城へは、ＪＲ中央線・京王高尾線高尾駅からバスに乗り、「霊園前」で下車し、八王子城跡ガイダンス施設を目指そう。土・日・祝日のみ、「八王子城跡」行のバスが運行されているが、平日ならば「霊園前」から歩くことになる。

管理棟横の登城道から上ると、二〇分ほどで金子曲輪に至る。この曲輪は、金子家重が守備していたとされることからそう呼ばれる。曲輪の斜面から、鎧《よろい》・刀・鑓の破片や鉄製

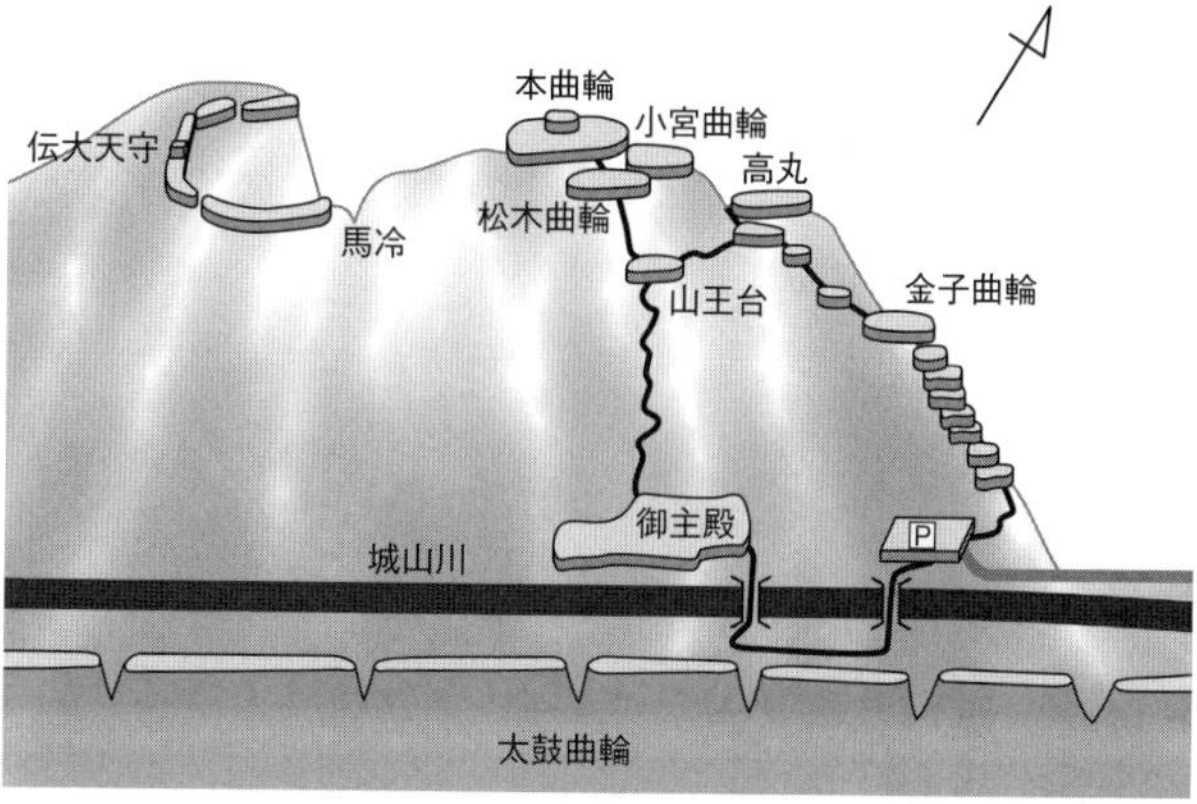

の鏃《やじり》、鉄砲玉が出土していることからも明らかなように、豊臣軍との激戦が繰り広げられた場所であった。

金子曲輪からさらに上ると中曲輪、小宮曲輪、松木曲輪などの主郭部に着く。このあたりからは、城下はもちろん、東京都心・横浜まで遠望できる。

中曲輪に鎮座しているのは、八王子神社である。疫病や邪気を払うと信じられていた仏教の守護神牛頭《ごず》天王《てんのう》には、八人の王子がいるとされており、その八人の王子を祀ったのが八王子神社だった。地名の「八王子」も、この八王子神社にちなむ。氏照は、あえて八王子神社が鎮座する場所に城を築き、敵から守ろうとしたのかもしれない。

八王子神社のある中曲輪から一段上がったところに本曲輪がある。本曲輪とは言っても、一〇メートル四方ほどしかなく、曲輪としてはかなり狭い。城代の横地吉信が守備していたとされるが、見張りぐらいにしか使われていなかったのではなかろうか。

本曲輪から西に向かうと、一〇メートルを越える規模の堀切が行く手を阻む。本来は、この堀切が八王子城の西端を守っていたらしい。しかし、豊臣軍の襲来を想定し、さらに西側に大天守曲輪と呼ばれる曲輪を増設したのである。

大天守曲輪は、周囲に石塁があるため天守があったと見なされているが、天守があったと確認されているわけではない。実際には、詰の城として利用するつもりだったようである。

山麓の居館

大天守曲輪から主郭部に戻り、山王台から、山麓におりてみよう。山麓には、御主殿《ごしゅでん》と呼ばれる北条氏照の居館があった。

御主殿の大きさは、東西約一〇〇メートル・南北約二〇メートルとかなり広い。発掘調査では礎石も見つかっていて、かなり大規模な御殿が建てられていたようである。また、中国産の陶磁器やベネチア産のガラスなども出土しており、文化的な生活を送っていたことがしのばれる。

しかし、その栄華も豊臣軍による攻撃で幕を閉じた。城主氏照が不在のなか、城兵はよく戦ったものの、衆寡《しゅうか》敵せず、わずか一日で八王子城は落城してしまったのである。焼けた痕跡のある遺物も見つかっており、落城時には激しい火災があったらしい。落城直後には、氏照の正室をはじめとする家臣の妻子らは、滝に身を投じたり、自害したりしたという。

御主殿の前には城山川が流れており、御主殿には橋を渡らなければ入ることができない構造になっていた。今では、橋を渡らなくても八王子城跡ガイダンス施設まで戻ることはできるが、せっかくなので遠回りにはなるものの、復元された木橋を渡ってみよう。ちなみに、木橋は当時の様子を推定して復元されているが、当時の位置とは少しずれている。

ガイダンス施設に戻ったら、八王子城についての展示解説を見てから帰りたい。近くには、八王子城の城主だった北条氏照の墓もある。氏照は、小田原城が落城したあと、主戦派と見なされ、兄氏政とともに豊臣秀吉から自害を命じられた。八王子城に残されている墓は、元禄二年（一六八九）、氏照の百回忌に建てられた供養碑である。

長谷堂城

はせどうじょう

山形県山形市
標高　約二一〇メートル
比高　約一二〇メートル

関ヶ原の戦いの余波

長谷堂城は、出羽国の南部に勢威を誇った山形城主最上義光《もがみよしあき》の支城で、山形城からは南西一〇キロほどの距離にある。この長谷堂城が注目されるのは、何と言っても、慶長五年（一六〇〇）の関ヶ原の戦いのとき、東西両軍の間で激しい攻防戦が繰り広げられたことにある。関ヶ原の戦いは、美濃国の関ヶ原において、東軍徳川家康と西軍石田三成が激突した戦いとしてつとに有名である。しかし、戦闘は美濃国だけではなく、東北や九州など全国でも行われていた。

豊臣秀吉の死後、五大老の筆頭の徳川家康と、五奉行の実力者石田三成が対立するなか、

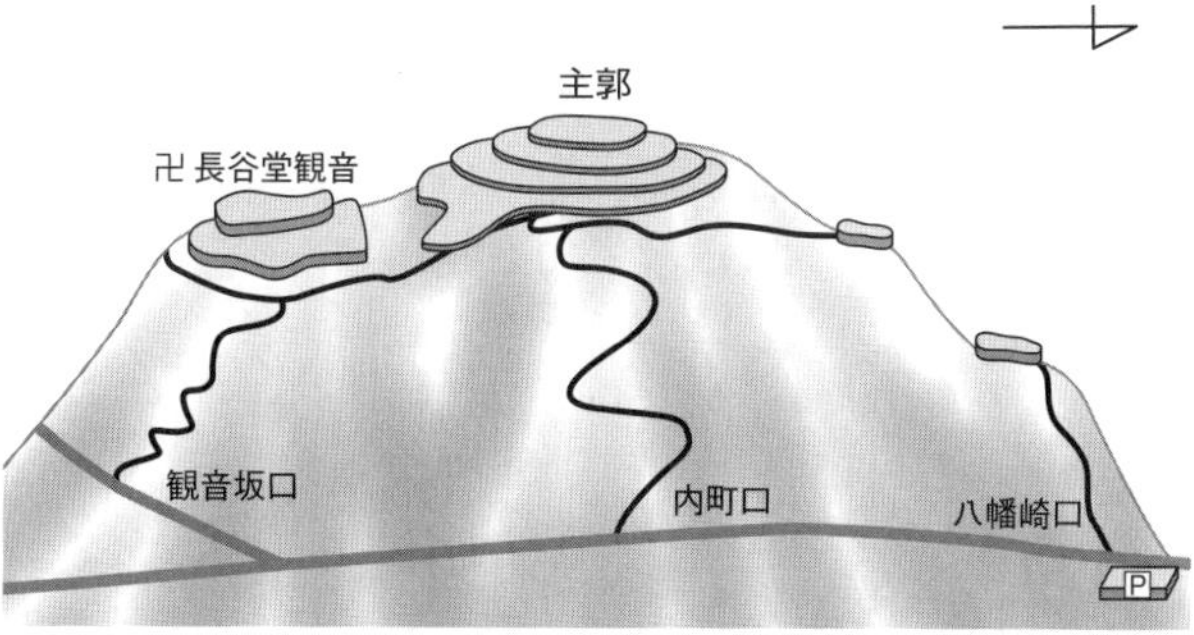

家康は、五大老の一人、上杉景勝に謀反の疑いがあるとして、会津攻めに向かう。このとき、石田三成が畿内で挙兵すると、上杉景勝は執政の直江兼続に命じ、山形へ侵攻させたのである。直江兼続は、九月十五日、山形城を守るための前衛基地となっていた長谷堂城を包囲するため、長谷堂城の北一キロの菅沢山《すげさわやま》に本陣をおいた。

上杉軍の撤退

長谷堂城は、山形平野の西南端に近い城山と呼ばれる独立丘陵上に築かれており、JR奥羽本線蔵王駅からは車だと一〇分ほどで着く。登城路はいくつか存在するが、東の内町口、南東の観音坂口、北の八幡崎口が主要な登城道となっている。

八幡崎口には駐車場が整備されており、発掘調査の結果に基づき、幅七メートルほどの水堀も復元されている。長谷堂城は、城下町を囲んだ惣構に守られていた。

この八幡崎口から上ることもできるが、大手とされる内町口から上ってみよう。内町口からの登城道では、両側に曲輪が点在しており、山上付近の曲輪には、柵も復元されている。城に攻め込んだ敵は、こうした柵の背後に潜む城兵から弓や鉄砲で攻撃されたのだろう。柵などが復元されていると、そういった臨場感が味わえる。

さらに進むと、枡形《ますがた》となっている城門跡があり、その先が主郭となる。主郭は東西約七〇メートル・南北約五〇メートルの広さがあり、眺望もよい。上杉軍が布陣した菅沢山はもちろん、長谷堂城の本城である山形城も遠望できる。

攻撃する側の上杉軍は二万数千、守備する側の最上軍は約一万ほどであったという。単独での抗戦が難しいと判断した最上義光は、陸奥国岩出山城主の伊達政宗に援軍を要請する。政宗の母義姫が、義光の妹だったからである。政宗は、九月二十一日、援軍として叔父の留守《るす》政景《まさかげ》を大将とした約三千の軍勢を山形に遣《つか》わした。上杉軍は、長谷堂城の救援に向かう最上・伊達連合軍に総攻撃をかけるつもりだったのかもしれない。しかし、義光と政景が山形城から動くことはなかった。

ただ、籠城する最上氏の重臣志村光安も、黙って見ていたわけではない。九月二十九日には上杉方の上泉泰綱《かみいずみやすつな》を討ち取るなどしている。そして、翌九月三十日の早朝、関ヶ原の本戦において、石田三成率いる西軍が、徳川家康率いる東軍に大敗を喫したという情報が、直江兼続のもとにもたらされたのである。十月一日、長谷堂城から上杉軍が撤退すると、最上・伊達連合軍は、ただちに上杉軍を追撃した。

こうして、長谷堂城の戦いは、最上方が城を死守する形で終わっている。しかし、元和八年（一六二二）、御家騒動で最上氏が改易になり、長谷堂城はほどなく廃城となった。

長谷堂観音

主郭から南に下っていくと、長谷堂観音がある。この長谷堂観音は、平安時代、奥羽の平定を果たした源頼義が、霊夢により堂舎を建て、持仏《じぶつ》としていた大和国長谷寺《はせでら》の観音菩薩を安置したのが始まりという。現在では、最上三十三観音の十二番札所となっており、長谷堂城の名も、この長谷堂観音にちなむ。

帰りは、搦手とされる観音坂口から戻ってみよう。長谷堂城の北西には、上杉軍が本陣をおいた菅沢山がある。余力があれば、菅沢山にも立ち寄りたい。菅沢山からは、上杉軍の立場で、長谷堂城を一望することができる。

佐和山城

さわやまじょう

滋賀県彦根市
標高　約二三〇メートル
比高　約一五〇メートル

江北と江南の境目の城

佐和山城は、西麓には琵琶湖の松原内湖が迫り、東麓には中山道が通るという交通の要衝にある。戦国時代には江北の京極氏と江南の六角氏との境目の城として、激しい争奪戦が繰り広げられていた。やがて浅井長政が勢力を拡大して佐和山城を押さえ、家臣の磯野員昌《かずまさ》を配している。

しかし、浅井長政が織田信長から離反したことで、佐和山城は織田軍に攻められることになってしまう。元亀二年（一五七一）、磯野員昌は八か月の籠城戦の末に降伏開城した。こうして、信長の時代は重臣丹羽長秀の居城となり、秀吉の時代には五奉行随一の実力者

佐和山城

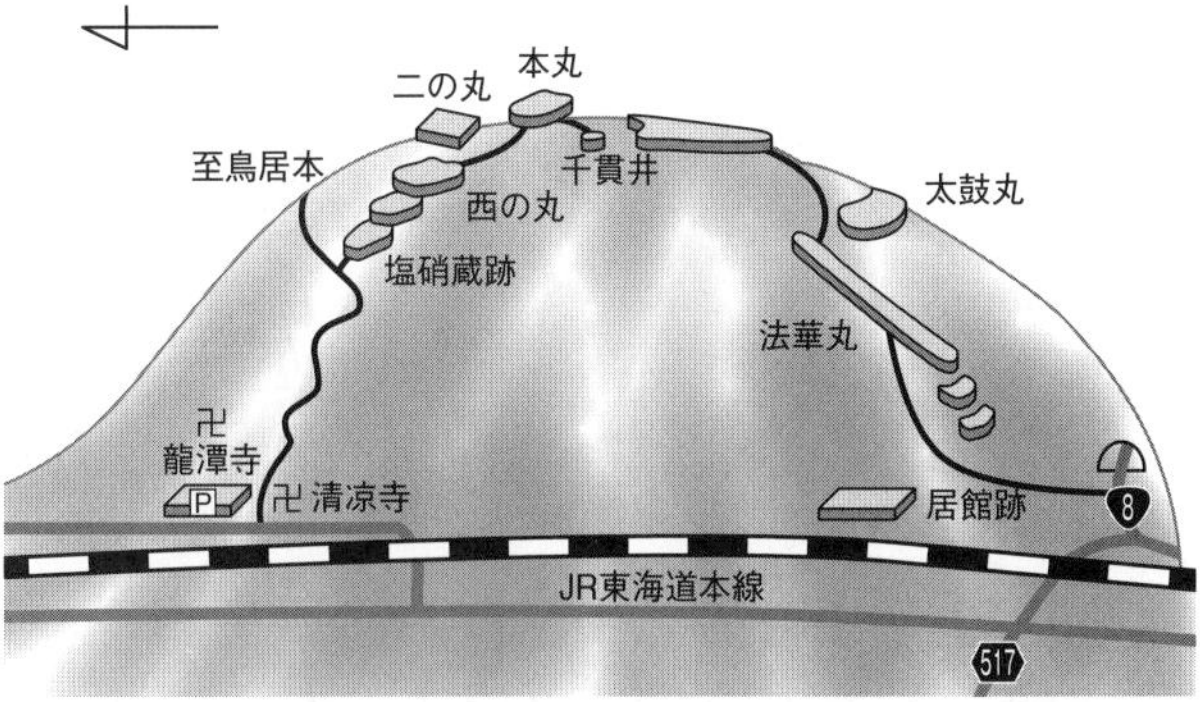

である石田三成が城主となっている。

五重の天守が聳える

佐和山城へは、JR東海道本線彦根駅から歩き、山麓の龍潭寺《りようたんじ》から上ることになる。龍潭寺には三成の屋敷があったともいうが、確かなことはわからない。

急な坂道を一五分ほど上ると山の尾根に出る。ここには、尾根を遮断する堀切があり、その堀切を越えると西の丸に着く。西の丸の先端には穴蔵状の方形穴があり、火薬の原料となる硝石《しようせき》を保管する蔵があったとされる。

西の丸から先は尾根筋に階段状の曲輪がいくつかあり、本丸に至る。本丸は東西約九七メートル・南北約二〇メートルの広さで、三成はここに五重の天守を築いていたという。そのため、「治部少《じぶのしよう》に過ぎたるものが二つあり　嶋の左近に佐和山の城」とも謳われた。

であったということになる。

「治部少」とは治部少輔《じぶのしょう》、すなわち三成の官途名《かんとめい》であり、「嶋の左近」とは三成の重臣であった島左近（島清興《きよおき》）を指す。つまり、佐和山城は、三成にとって過分なほどに立派な城であったということになる。

関ヶ原の戦い後に落城

秀吉が慶長三年（一五九八）に死去したあと、三成は、政治の実権を握ろうとする徳川家康と対立する。そして、慶長五年（一六〇〇）六月、家康が謀反を理由に上杉景勝を攻めに会津へ向かったとき、挙兵に踏みきったのである。

九月十五日、三成は佐和山城の東に位置する関ヶ原で家康を迎え撃とうとしたが敗北した。いわゆる関ヶ原の戦いである。このため、その二日後の十七日、佐和山城は東軍に攻められることになった。東軍の中心は、小早川秀秋・脇坂安治《わきざかやすはる》・朽木元綱《くつきもとつな》・小川祐忠《おがわすけただ》らで、いずれも、関ヶ原の戦い当日に西軍から東軍に寝返った大名である。家康への忠誠心を見せるため、先鋒をつとめたのだった。

そのころ、三成は伊吹山中に逃亡しており、佐和山城は、三成の父正継、兄正澄が守っていた。しかし、守る城兵は、わずか二千八百人であったという。翌十八日未明、正継・正澄ら石田一族十数人が自害し、佐和山城は落城した。三成が捕らえられたのはそれから

佐和山城のすぐそばに築かれた彦根城。天守は国宝に指定されている

三日後の二十一日のことである。

彦根築城

その後、佐和山城は家康の重臣筆頭井伊直政《いいなおまさ》に与えられた。だが、直政自身は関ヶ原の戦いで受けた鉄砲の傷がもとでほどなく没し、子の直継《なおつぐ》が跡を継ぐ。直継が、佐和山城から目と鼻の先に彦根城を新たに築くと、佐和山城は、彦根城の資材とするために解体されている。

彦根城の完成後、直継は、佐和山城を徹底的に破壊した。彦根城が佐和山城を占拠した敵に攻撃されるような事態を防ぐためである。そのようなわけで、佐和山城には現存する遺構がほとんどない。ただ、本丸北東隅部には石垣の一部が残されているので、忘れずに見ておこう。

また、本丸の東には井戸がある。絵図には「千貫井」とあり、千貫の金子《きんす》にも代えがたいという意味であったらしい。

佐和山城には、このほか、二の丸・三の丸などの曲輪群が存在しているが、整備されていないので、このまま来た道を龍潭寺まで引き返すことにしよう。

もしまだ余力があるようなら、城の反対側にまわってみたい。こちらは、信長が攻略する以前に大手口だったところで、旧中山道に平行して土塁が連なっている。土塁の中央が空いているのは、大手門の跡とされ、土塁の内側は家臣の屋敷があったという。ただし、残念ながら現在、この大手口から上ることはできない。

このあとは、江戸時代を通じて井伊氏の居城となった彦根城に行ってみよう。彦根城からは、佐和山城が一望できる。

第四章　織豊期の城
――天守と石垣、近世城郭の誕生

戦国の争乱は、織田信長が天正元年(一五七三)、室町幕府を滅ぼして天下統一に乗り出したことで終息に向かう。天下人となった信長は、高石垣のうえに、天守をはじめとする瓦葺きの建物を建て、その権力を誇示した。

天守は「天主」とも表記されるが、古くは「殿守」あるいは「殿主」とも書かれていた。居館の屋上に、物見のための望楼を設けたのが最初と言われる。石垣は、もともとは寺院で用いられたもので、信長はその技術を城に応用したのである。当時の寺院は、土地と僧兵を擁する権力者だったから、信長は自己の権力を見せつけようとしたに違いない。また、寺院に属した石工を自らの築城に動員した意味も大きいものがあった。

もっとも、城に石垣を用いたのも、瓦葺きの建物を建てたのも、信長が初めてであったというわけではない。

信長自身は本能寺の変で横死するが、その家臣であった豊臣秀吉によって天下統一が成し遂げられた。秀吉は、四国、九州、関東、東北を平定する過程で、各地の要衝に家臣を送りこんでいる。こうした家臣によって、築城技術が伝わり、日本全国で天守と石垣を擁する近世城郭が築かれるようになったのである。

信長と秀吉によって戦国時代は終わり、新たな時代が始まった。この時代を、「織田」と「豊臣」からそれぞれ一字をとって織豊期《しょくほうき》と呼ぶ。

岐阜城

ぎふじょう

岐阜県岐阜市
標高　約三四〇メートル
比高　約三二〇メートル

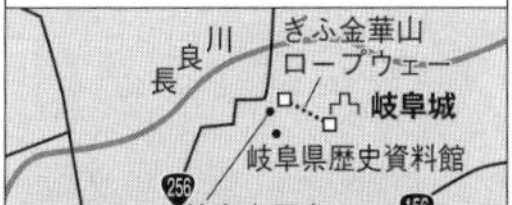

織田氏の城

岐阜城は、鎌倉時代に築かれたとされるが、当時の城がどの程度のものであったのかはわからない。実質的には、戦国時代、斎藤道三《どうさん》が整備したものとされる。その当時は稲葉山城と言い、斎藤氏の本城となっていた。しかし、道三は子の義龍《よしたつ》と争い、弘治二年（一五五六）、長良《ながら》川《がわ》の戦いで敗死してしまう。その後、義龍の子龍興《たつおき》の代に、稲葉山城は、道三の婿にあたる織田信長によって攻略された。

それまでの居城であった尾張の小《こ》牧山《まきやま》城から移った信長は、稲葉山城の名を岐阜城へと改めた。禅僧の沢彦宗恩《たくげんそうおん》の提案で、古代中国の周の文王が岐山《きざん》から興って天下を平定した故事によるという。この信長によって、岐阜城は大規模に改修された。

　その後、岐阜城には、信長の嫡男信忠、信長の三男信孝、池田元助・輝政兄弟、信忠の嫡男秀信が入っている。池田元助・輝政兄弟は、信長の乳兄弟にあたる池田恒興《つねおき》の子であり、岐阜城が織田氏の城であると見なされていたことがわかる。

　慶長五年（一六〇〇）の関ヶ原の戦いで、秀信が西軍についたため、岐阜城は東軍に攻められてしまう。いかに天嶮の要害であっても、城兵の数が足りなければ、守りきることはできない。岐阜城は、信長が攻略するのに七年かかった堅城《けんじょう》であったが、秀信は、わずか一日で降伏開城した。

　その後、関ヶ原の戦い後に封《ほう》じられた奥平信昌が加納《かのう》城に移ったため、岐阜城は廃城となる。岐阜城で使われていた石垣の石材なども、このとき加納城に運ばれて転用された。

山上の曲輪

　岐阜城へは、JR東海道本線岐阜駅または名鉄岐阜駅からバスに乗り、「岐阜公園歴史博物館前」で下車する。岐阜公園に建てられている再建の冠木門《かぶきもん》から入れば、千畳敷と言われる織田信長の居館跡もある。信長は、ここに四階建ての居館を設けていたという。現在は、巨石を使用した通路や石垣が整備されている。発掘調査によって、瓦も出土してい

岐阜城

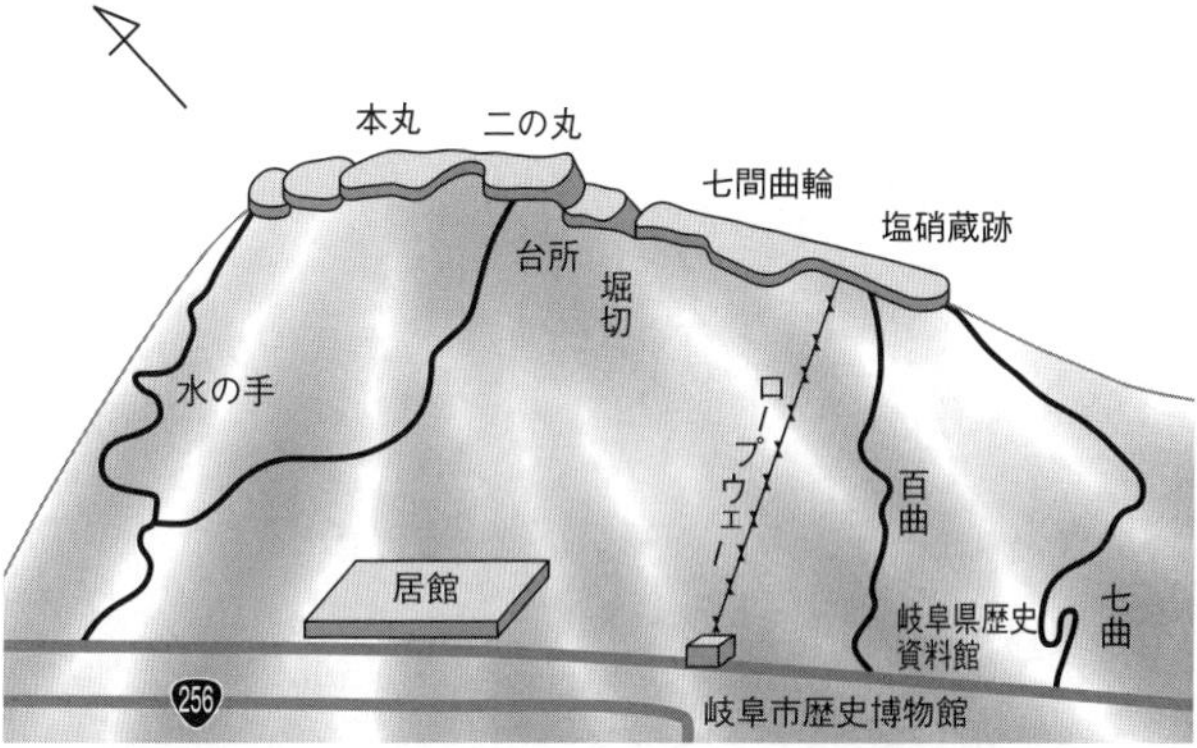

るから、瓦葺きの建物があったことはまちがいない。

居館跡を散策したら、山上へと向かってみよう。登城道はいくつか整備されているが、岐阜公園南の岐阜県歴史資料館脇からの大手道が上りやすい。この大手道は、七曲と呼ばれている。

大手道を六〇分ほど上れば、山上に着く。ぎふ金華山リス村があるところは塩硝蔵《えんしょうぐら》の跡で、さらに進むとロープウェーの山頂駅がある。山麓からロープウェーに乗れば、およそ三分でここまで来ることも可能である。

ロープウェー山頂駅から少し上ったところには、上格子門の跡があり、崩落はしているものの、当時の石垣が残っている。関ヶ原の戦いの前哨戦では、東軍についた福島正則がこの上格子門を攻撃したという。

上格子門の跡を越えると、西側には七間曲輪があ

岐阜城復興天守からは濃尾平野が一望に見渡せる。雄大な長良川の流れも見られる

り、かつては七間櫓が建てられていた。七間櫓は、物見に使われていたのであろうか。今でも見晴らしのよい場所で、展望レストランとなっている。

さらに進むと、橋の架かった堀切を越えたところが台所で、台所の東が二の丸にあたる。ちなみに、二の丸門跡の冠木門と城壁は昭和五十年（一九七五）に建てられたもので、当時の遺構ではない。ただ、当時の石垣がところどころに残されている。

解体された天守

二の丸を過ぎれば本丸で、かつてはここに天守が建てられていた。信長の時代の天守がどのようなものであったのかはわかっていない。しかし、池田輝政の時代に建てられた天守は、関ヶ原の戦い後、加納城の二の丸へ移され、御三階櫓として再利用されたと伝わっている。そのため、昭和三十一年（一九五六）、加納城御三階櫓の図面をもとに鉄筋コンクリートで新たな天守が建てられた。これが現在の復興天守である。

天守台の石垣は、復興天守を建てるときにほとんどが積み直されている。ただ、一部は信長時代のままの石垣であるようだ。

再建された天守の内部は資料館となっており、最上階は展望台である。展望台からは、眼下に流れる長良川や濃尾平野などが一望できる。おそらく、信長が見ていた景色とあまり変わっていないのではなかろうか。

帰りは、来た道を引き返してもよいし、水の手道であった「めい想の小径」を下り、山麓に下ってもよい。ついでに、岐阜城の廃城にともない築城された加納城も見ておこう。

山崎城

やまざきじょう

京都府乙訓郡大山崎町
標高　約二七〇メートル
比高　約二四〇メートル

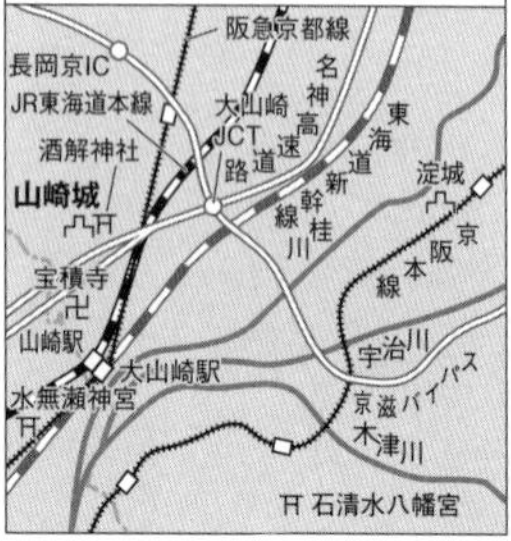

交通の要衝

山崎城が築かれている天王山は、山城国と摂津国の国境にあたる。山陽道を摂津国から入京する場合には、必ず通らなければならない要衝にあり、現在でも、天王山の山麓には東海道新幹線や名神高速道路などが通っている。

南北朝時代には、すでに天王山に城が築かれていたらしいが、詳しいことはわかっていない。応仁・文明の乱を機に、畿内で戦乱が相次ぐと、要衝にある山崎城をめぐって争奪戦が繰り広げられた。

天正十年（一五八二）、本能寺の変を知った羽柴秀吉は、備中高松城から急ぎ戻ると、

山崎城

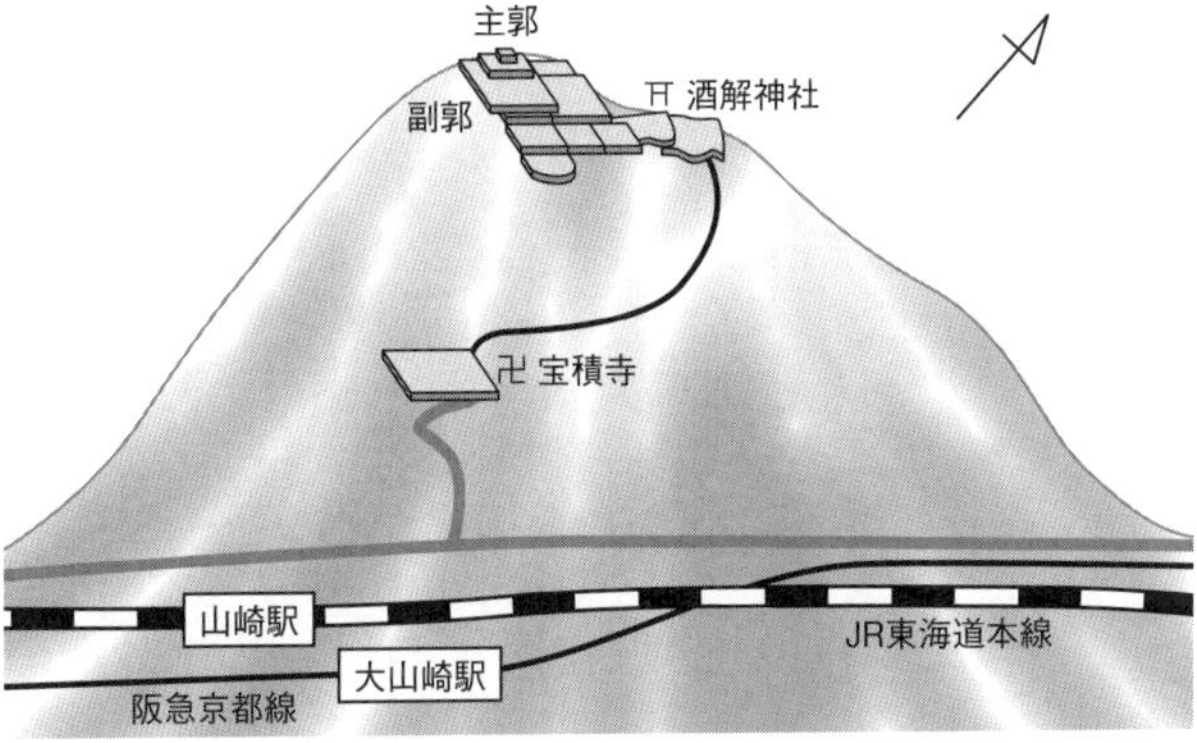

山崎の戦いで明智光秀を破る。山崎の戦いは、天王山の戦いと呼ばれることもあるが、天王山が戦場になったわけではない。

　山崎の戦い後の清洲会議で、居城の長浜城を柴田勝家に譲った秀吉は、山城国を獲得した。このあと、秀吉は山崎城を居城とすることを決め、大幅な改修を行ったが、秀吉にとっては、山崎城の完成が何よりも大事であったのだろう。秀吉による改修は、信長の葬儀を延期してまで行われている。

天守を擁する本格的な城

　JR東海道本線山崎駅から徒歩六〇分ほどで、天王山の山頂に着く。麓からの高さは二四〇メートルほどもあるが、ハイキングコースになっているので上りやすい。

　天王山の中腹には宝積寺《ほうしゃくじ》という寺院がある。宝積寺の三重塔は、山崎の戦いの際に秀吉が一夜で建てたという伝承から「太閤一夜の塔」とも言われるが、もちろん史実ではない。おそらくは、山崎城と同時に建てられたのだろう。山崎城を居城とした秀吉は、この宝積寺に客を泊めている。言わば、秀吉の迎賓館《げいひんかん》のような存在だった。秀吉と柴田勝家との緊張が増すなか、勝家から使者として派遣された前田利家・金森長近《かなもりながちか》・不破勝光《ふわかつみつ》も、この宝積寺で秀吉に会っている。

宝積寺から上っていくと、酒解《さかとけ》神社に至る。この酒解神社のあるあたりが、山崎城の二の丸とされる。ここから天王山の山頂に向かうまでには、いくつもの曲輪がある。ここには、秀吉の家臣の邸宅があったらしい。

さて、ハイキングコースを上りきった先が、山崎城の本丸である。本丸の北端は一段高くなっているが、ここは天守台の跡と考えられている。山崎城に天守が存在していたことは、当時の記録にもあるので間違いない。

この本丸の一段下がった曲輪には、直径約二メートルの石組井戸が残されている。この曲輪の周囲には土塁も築かれており、台所であったと考えられている。

権力の誇示

秀吉と勝家の溝は埋まることなく、結局、天正十一年（一五八三）、賤ヶ岳《しずがたけ》の戦いで衝突することになる。この戦いに勝利を収めた秀吉は、摂津国を領域に組み込むことに成功し、早くも大坂城を築くと、山崎城から居城を移している。このため、山崎城は、秀吉が大坂に移るまでの仮の居城であったと見なされることも多い。

しかし、山崎城の主要な曲輪はすべて石垣で囲まれており、天守を擁する総石垣の近世城郭として築かれていたことがわかる。秀吉は、柴田勝家との一戦も見据え、あえて本格的な城として築くことで、権力を見せつけようとしたのだろう。

そういう意味からすると、秀吉が大坂城を築いた時点で、山崎城はその役割を果たしたとも言える。天正十二年に秀吉が大坂城を居城とすると、ほどなく山崎城は廃城となった。

八幡山城

はちまんやまじょう

滋賀県近江八幡市
標高　約二八〇メートル
比高　約一〇〇メートル

豊臣秀次《ひでつぐ》の城

八幡山城のある八幡山の名は、もともと、日牟禮《ひむれ》八幡宮が鎮座していたことにちなみ、近江商人の町として知られる「近江八幡」の地名も、この神社に由来する。鶴が羽を広げたような形から、八幡山はまた鶴翼山《かくよくざん》とも呼ばれている。

八幡山城は、天正十三年（一五八五）、豊臣秀吉が主君織田信長の安土城を廃城としたうえで、新たに築いたものである。この八幡山城の城主となったのは、若かりしころの豊臣秀次である。秀次は、関白となった秀吉の姉日秀《にっしゅう》の子であり、秀吉の甥にあたる。天正十二年（一五八四）の小牧《こまき》・長久手《ながくて》の戦いで浜松城の徳川家康と覇権を争った秀吉は、東

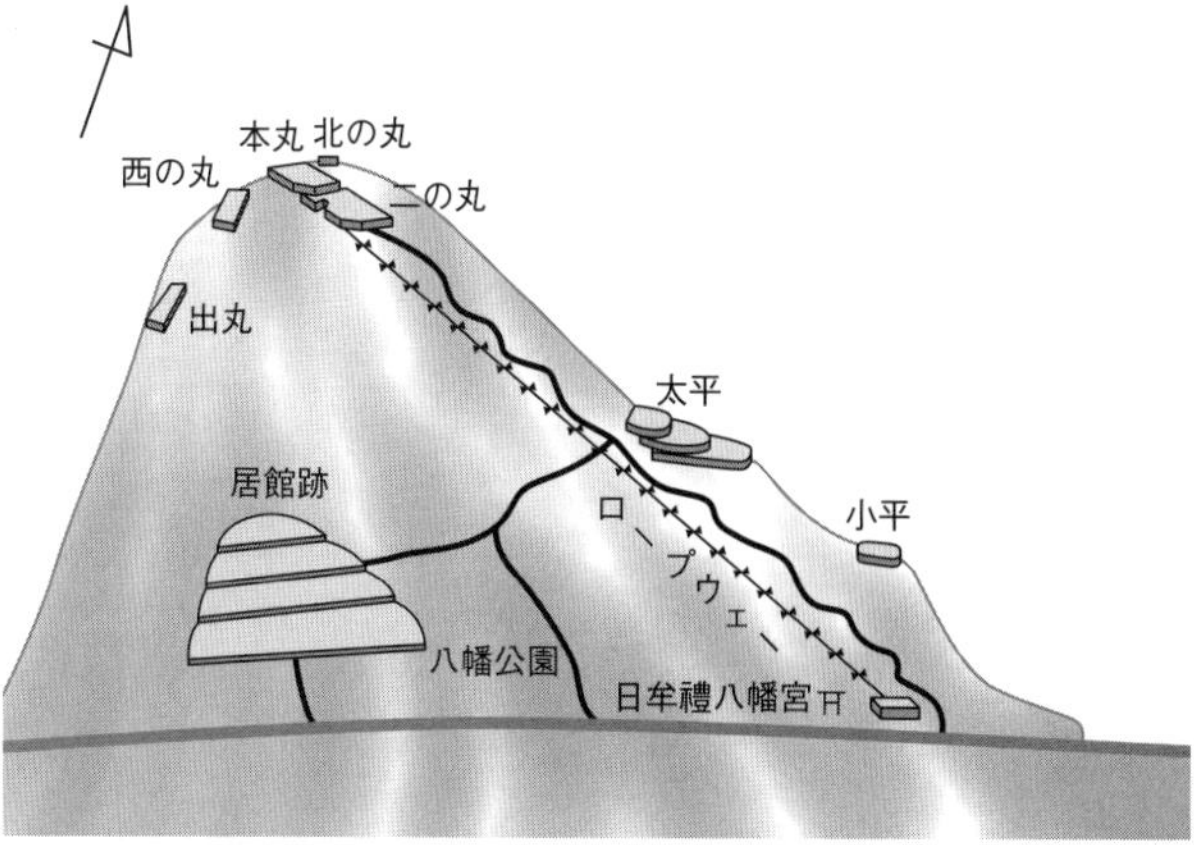

方への押さえとして、八幡山城を築いたのであろう。

築城に際しては、琵琶湖から引いた水路が、城下町にめぐらされた。八幡堀と呼ばれるこの水路は、水運のためだけではなく、防御をも目的にしていたと考えられている。

山上の曲輪

八幡山城へは、JR東海道本線近江八幡駅からバスに乗り、「公園前（図書館前）」で下車する。ここから、山麓の居館跡に行ってみよう。八幡山の中腹から山麓にかけては、階段状に曲輪が点在しており、秀次主従の屋敷地になっていた。

城主である秀次の居館は、最上段の曲輪にあり、東西約三〇〇メートル・南北約一〇〇メートルの広さがある。発掘調査により、居館跡からは、金箔瓦や馬印である沢瀉《おもだか》紋の鬼瓦も出土しており、絢爛豪華な御殿があったことをうかがわせる。

居館横の公園から続く登城道を上れば、およそ二〇分で山上に着く。二の丸は、現在、八幡山ロープウェーの山頂駅となっている。麓からロープウェーに乗れば、二の丸までおよそ四分で来ることもできる。

二の丸からは、まず西の丸に行ってみよう。眺望は抜群で、琵琶湖や対岸の比良山系を一望することができる。八幡山城の周囲は埋め立てられているが、当時は琵琶湖の内湖《ないこ》が城下まで迫っていた。

西の丸から、北西に進めば北の丸に至る。北の丸からは安土城や観音寺城が見えるが、秀吉は目と鼻の先の安土から、わざわざ八幡山城に城下町ごと引っ越しをさせたことになる。このとき、安土の城下町がそのまま移転してきたため、八幡山城下には安土城下と同じ町名も多い。

北の丸から最後の砦となる本丸へと向かってみよう。本丸は八幡山の最高所に位置しており、戦時になったときには、城主の秀次が籠もることになっていた場所である。

秀次はのちに秀吉の養子となったが、秀吉に実子秀頼が生まれると疎んぜられ、文禄四年（一五九五）、自害に追い込まれてしまった。八幡山城の本丸にある瑞龍寺は、もとも

築城に際して掘られた水路と江戸時代からの美しい町並みが今も残る近江八幡の町

と秀次の実母日秀が創建したもので、昭和三十八年（一九六三）に京都から移転してきたものである。

本丸の北西隅には、一五メートル四方の天守台もある。かつては天守が建てられていたというが、詳しいことはわからない。

商業と瓦の町

八幡山城は、秀次の死を機に廃城となった。しかし、廃城となったあとも、八幡城下町は商業地として残り、八幡堀も水運に利用され続けている。

帰りには、江戸時代の雰囲気を残す城下町を探訪してみたい。近江八幡市立かわらミュージアムでは、秀次の居館跡から出土した金箔瓦や軒丸瓦《のきまる》が展示されている。

有子山城

ありこやまじょう

兵庫県豊岡市
標高　約三二〇メートル
比高　約三一〇メートル

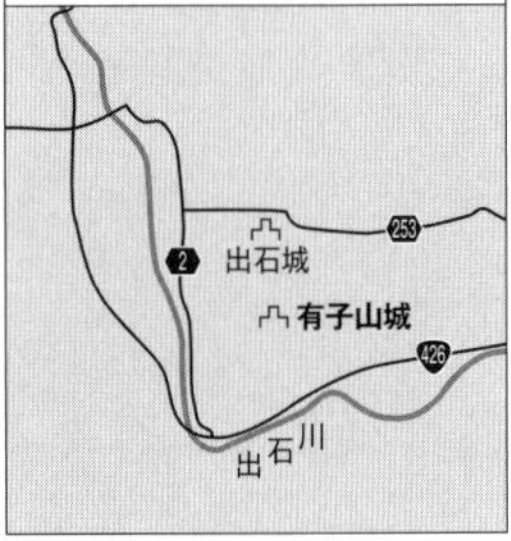

山名氏の栄華

室町時代の但馬国に勢威を誇っていたのは、山名氏であった。山名氏は、一族で一一か国の守護を独占したこともある大名で、当時、日本には六六か国があったため、「六分の一殿」とも称されている。

山名持豊（宗全）の時代には、室町幕府の実権をめぐって管領細川勝元と争い、応仁・文明の乱を引き起こす。以後、幕府が弱体化するなかで、山名氏の勢威も衰えていった。そうしたなか、天正二年（一五七四）、山名祐豊《すけとよ》は有子山城を築き、北方約四キロの此隅《このすみ》山《やま》城から移ったのである。

有子山城

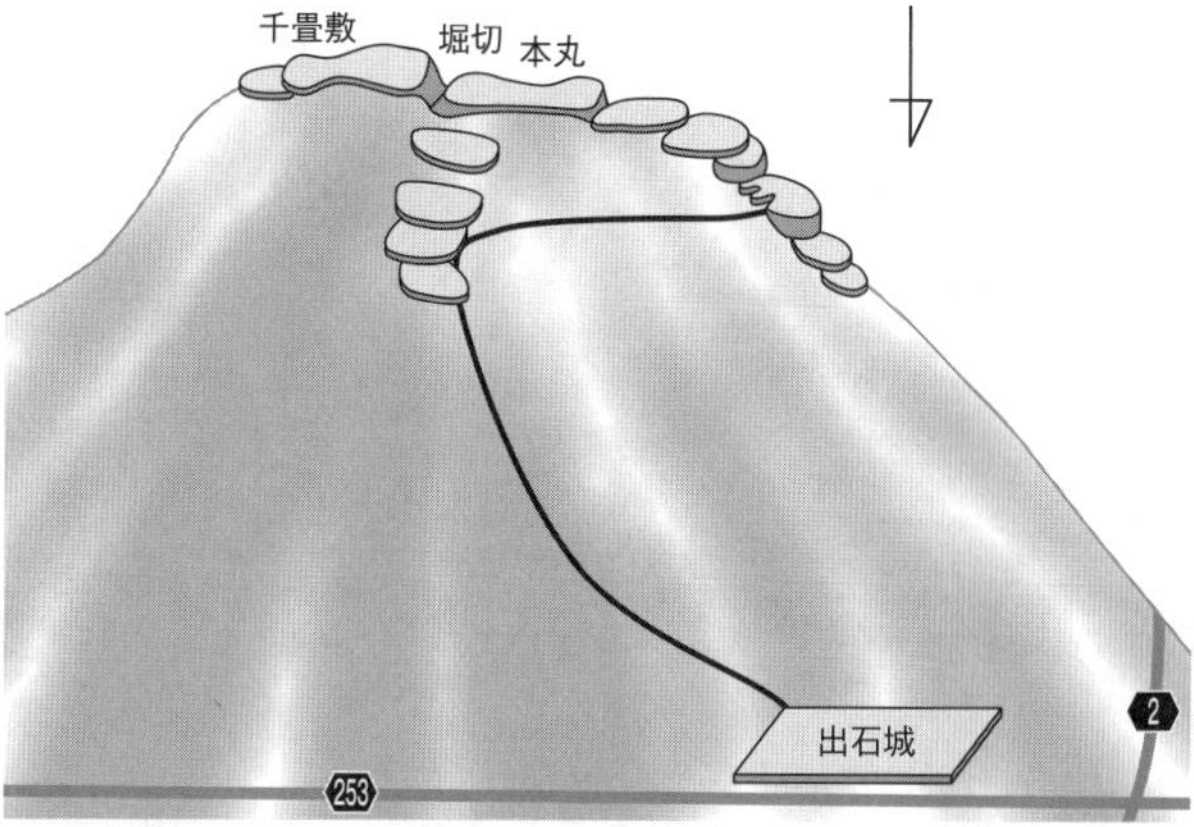

祐豊は子の堯熙《たかひろ》とともに、安芸国の毛利氏と結んで但馬国の安定につとめた。しかし、ほどなく、畿内を征圧した織田信長の家臣羽柴秀吉の侵入を許してしまう。天正八年（一五八〇）、有子山城は、秀吉の命をうけた弟秀長《ひでなが》によって攻略されたのだった。このとき、堯熙は隣国の因幡国に逃れ、祐豊は城に残ったものの、ほどなく病没したという。ここに、但馬守護山名氏は滅亡したのである。

織田信長と毛利輝元の衝突

こうして、有子山城は織田方の城となるが、そのため、織田方と毛利方の勢力がぶつかる最前線の城となってしまう。秀吉は秀長に有子山城の改修を命じ、防備の強化を図った。以来、有子山城は、織豊政権による但馬支配の拠点と

眼下には出石の町と出石川が一望できる

なったのである。

天正十三年（一五八五）に秀長が大和郡《やまとこおり》山《やま》に移ったあとは、前野長康、小出吉政《こいでよしまさ》といった秀吉の家臣が入っている。慶長九年（一六〇四）、時の城主小出吉英《よしふさ》が有子山の山麓に出石《いずし》城を築いたため、有子山城は一国一城令で廃城となったらしい。

なお、山麓の出石城跡からは、織豊期の石垣が出土している。そのことから、小出氏が入る以前に、居館があったと考えられている。そういう意味からすると、出石城は、有子山城の山麓居館を改修したものとも言えよう。

山上の石垣

有子山城へは、ＪＲ山陰本線・京都丹後

鉄道宮豊線豊岡駅からバスに乗り、「出石営業所」で下車する。そこは出石城の城下町であり、出石城は目と鼻の先である。

出石城の一番奥から、有子山城に上る登城道がある。出石城が築かれたあとも、いざというときには詰の城として利用するつもりであったのだろう。急峻な尾根を上りきると、あちこちに石垣で築かれた曲輪があることに驚かされる。曲輪そのものは、山名氏の時代に構築されたものらしいが、石垣は、織田方の城になった段階で築かれたと考えられている。

山上部には本丸があり、そこからは出石の城下町が一望できる。本丸と巨大な堀切を隔てた東側には、千畳敷と呼ばれる曲輪があるが、東西約一三〇メートル・南北約五〇メートルとかなり広い。発掘調査では瓦や陶磁器が出土しており、居館が建てられていたと考えられている。

山麓に戻るには、来た道を引き返すしかない。せっかくなので、出石城とその城下町を探訪してから帰るとしよう。

松倉城

まつくらじょう

岐阜県高山市
標高　約八六〇メートル
比高　約二八〇メートル

金森長近の改修

室町時代に飛驒《ひだ》国の守護になっていたのは近江国の京極氏であったが、応仁・文明の乱を機に京極氏の勢威は衰え、配下の三木《みつぎ》自綱《よりつな》が台頭する。自綱は、飛驒国司であった姉小《あねがこう》路《じ》氏の名跡を継いで姉小路頼綱《よりつな》と名乗ると、天正七年（一五七九）、松倉城を築いて飛驒国の平定に乗り出した。

その後、姉小路頼綱は、畿内を征圧した織田信長に従って飛驒国の平定を成し遂げたが、天正十年（一五八二）の本能寺の変後、越前国の柴田勝家に与《くみ》したことから織田家の後継者争いに巻き込まれてしまう。柴田勝家が賤ヶ岳の戦いで羽柴秀吉に敗死したあとは、越

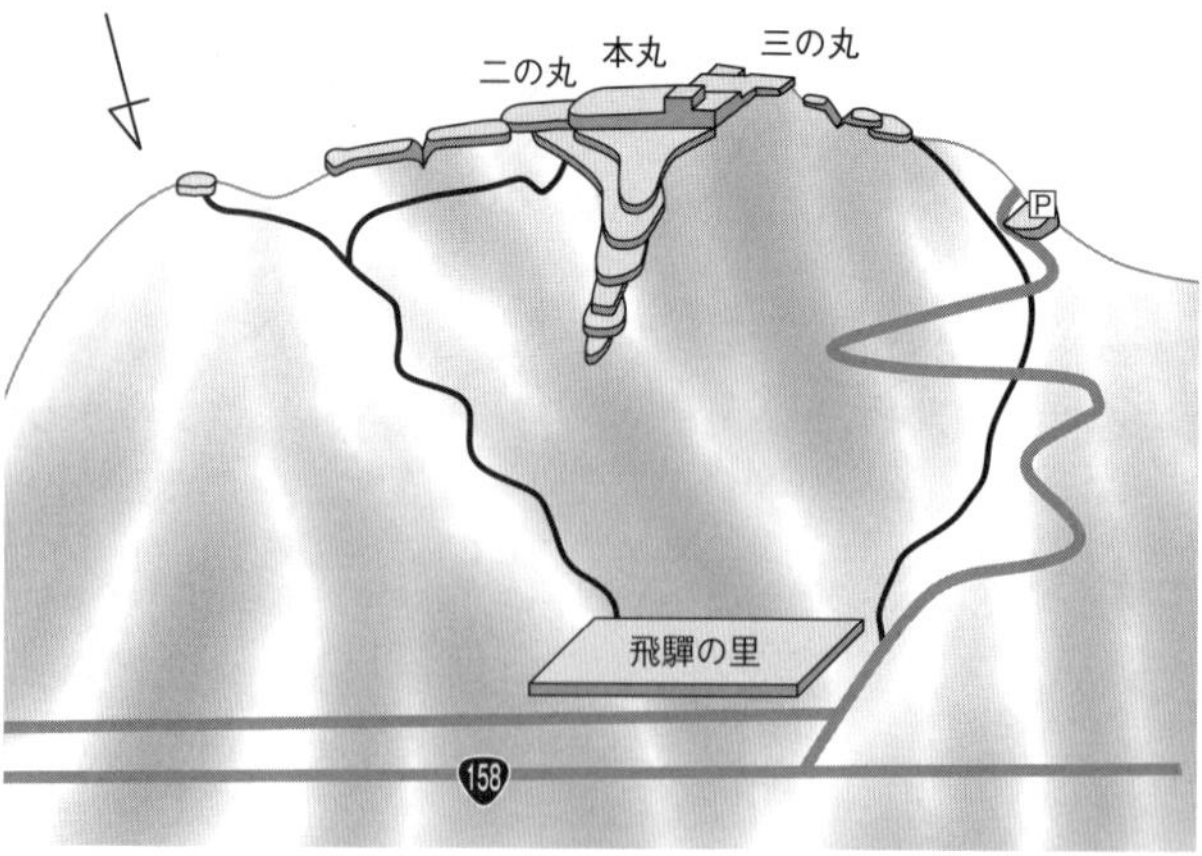

中国の佐々成政《さっさなりまさ》と結んで秀吉に抵抗したものの、天正十三年（一五八五）、秀吉の命を受けた越前大野城（215ページ）主金森長近に松倉城を攻められてしまったのである。これにより、頼綱は降伏し、戦国大名姉小路氏は滅亡した。

このあと、松倉城には、秀吉から飛騨一国を与えられた金森長近が入り、大幅に改修されている。松倉城が総石垣の近世城郭になったのは、このときのことである。

しかし、麓からの高さが二八〇メートルほどもある山城では、なにぶんにも統治に都合が悪いと考えたのだろう。天正十六年（一五八八）、松倉城から二キロメートルほど東の地に、長近が平山城の高山城を築いたため、松倉城は改修されてほどなく廃城となっている。

陣屋（代官所）としては唯一現存している高山陣屋も一緒に訪れたい

飛騨山脈を一望

松倉城へは、JR高山本線高山駅からバスに乗り、「飛騨の里」で下車し、「民俗村飛騨の里」に向かおう。「民俗村飛騨の里」は、飛騨の民家などを移築している野外博物館で、このなかに松倉城の大手口がある。

入館料を払って中に入るが、せっかくなので、「民俗村飛騨の里」も見学しておきたい。松倉城主の山麓居館などがこのあたりにあったとされる。

きつい登城道を四〇分ほど上れば、大手門に着く。大手門をくぐれば、その先は二の丸で、最南部には旗立石と呼ばれる巨岩がある。合戦時に旗を立てたと言われるが、実際に立てられたかどうかはわからない。東側・南側

に残されている石垣は、金森氏の時代に築かれたものである。

二の丸から一段上れば、そこが本丸である。本丸にはおよそ二〇メートル四方の石塁があり、物見櫓のような建物が存在していたらしい。本丸は、松倉山の最高所に位置し、飛騨山脈がよく見えるなど眺望にも優れていた。

本丸から一段下の三の丸にも、西側と南側に石垣が残る。また、西南隅には、隅櫓が建てられていたようである。

三の丸からは、来た道を引き返すこともできるし、西側の搦手口から下りることもできる。ちなみに、搦手口の山上付近まで林道が通っているので、時間に余裕のない方は、こちらの利用をお勧めしたい。

麓まで下ったあとは、金森長近が築いた高山城と、その後、江戸時代には天領、すなわち幕府の直轄地となった飛騨国を支配するために築かれた高山陣屋を見学して帰るとしよう。

若桜鬼ヶ城

わかさおにがじょう

鳥取県八頭郡若桜町
標高　約四五〇メートル
比高　約二五〇メートル

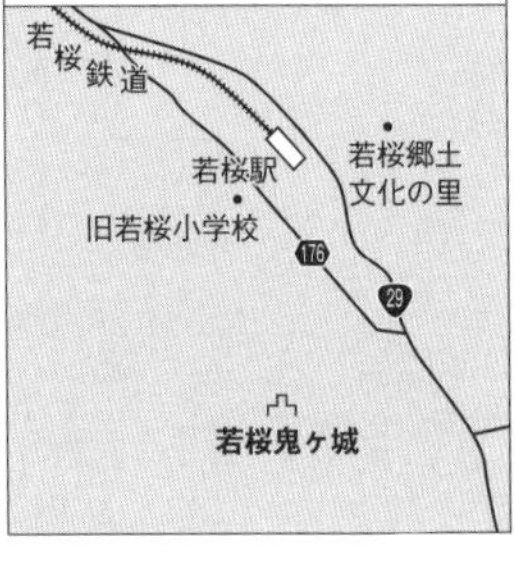

若桜鬼ヶ城は、因幡国から播磨国・但馬国へ向かう道の分岐点という交通の要衝に築かれている。もともとの城主は、因幡国の国人矢部氏で、天正三年（一五七五）には、毛利元就によって滅ぼされた尼子氏の一族尼子勝久を迎え入れている。勝久は、重臣山中鹿介とともに尼子氏の再興を図るため、因幡国を拠点に、本国である出雲国に侵入しようとしていた。

山崎家盛の改修

尼子勝久が入城したことにより、若桜鬼ヶ城は、毛利勢の攻撃を受けることになり、翌天正四年には、毛利方の因幡国尾高城主杉原盛重率いる大軍に包囲されてしまう。結局、

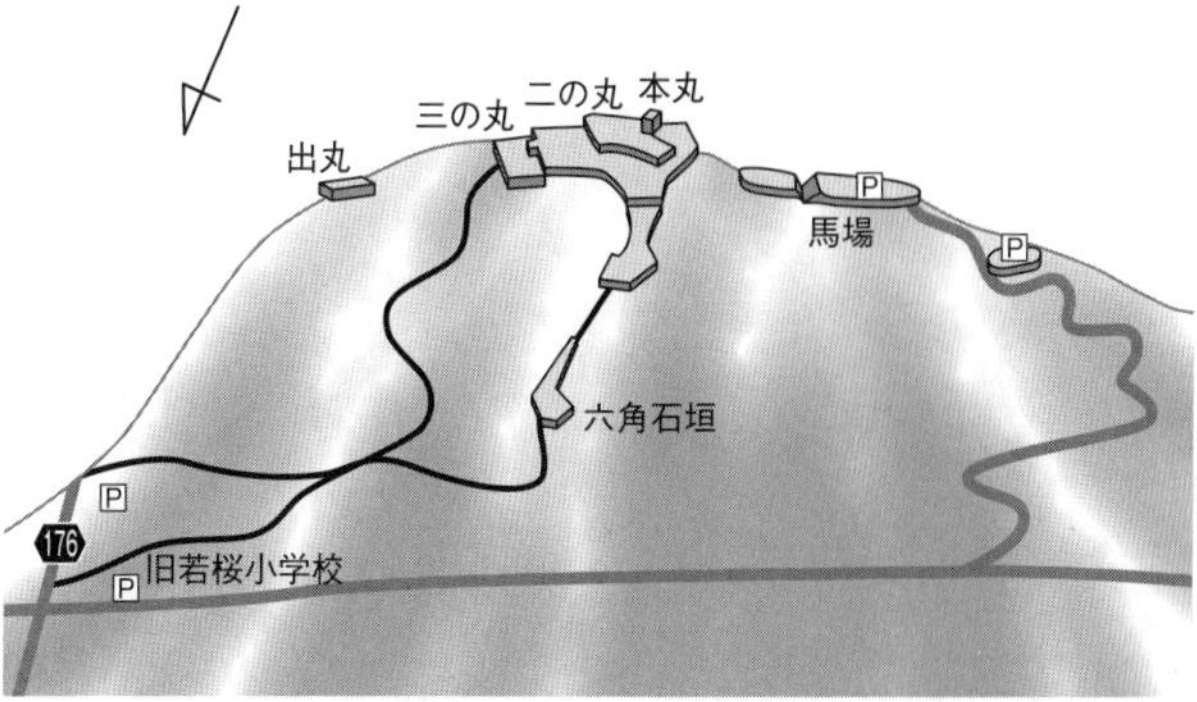

勝久・鹿介主従は夜陰に乗じて城を脱出し、但馬国へと逃れた。その後、勝久は織田信長の支援を受け、播磨国の上月城（116ページ）に入ることになる。

こうして、若桜鬼ヶ城は、いったん毛利方の属城になったが、信長の命を受けた羽柴秀吉による中国平定の過程で織田方の属城となった。そして、因幡国における毛利方の拠点であった鳥取城（241ページ）が天正九年（一五八一）に開城したあとは、秀吉の家臣木下重堅《しげかた》が城主となっている。

だが、その重堅も、関ヶ原の戦いで西軍についたため、自刃に追い込まれてしまう。戦後、摂津《せっつ》国三田《さんだ》城主の山崎家盛が入り、若桜鬼ヶ城はこのとき、総石垣の近世城郭に改修されたという。

破却された石垣

若桜鬼ヶ城へは、若桜鉄道若桜線若桜駅から歩いて

六角石垣が残る若桜鬼ヶ城

向かう。若桜町の第一町民体育館裏から続く登城道から上れば、四〇分ほどで大手門跡に着く。この大手門跡を越えれば三の丸で、さらに南に進むと二の丸、本丸に至る。

本丸は四〇メートル四方の広さで、東南端には櫓台（天守台）があり、当時は櫓（天守）が建てられていたようである。本丸の出入口は二か所あるが、そのうちの南東隅の出入口は、穴蔵のようになっていて、通り抜けることができない。そのため、「行き止まり」の出入口と言われるが、実際には、建物に上ってから下りる構造になっていたようである。

本丸からさらに南へ進むと、城の最南端に馬場がある。ちなみに、麓から若桜鬼ヶ城までは林道が通っており、車ならここまで上ってくることができる。馬場跡が駐車場となっているの

角牟礼城

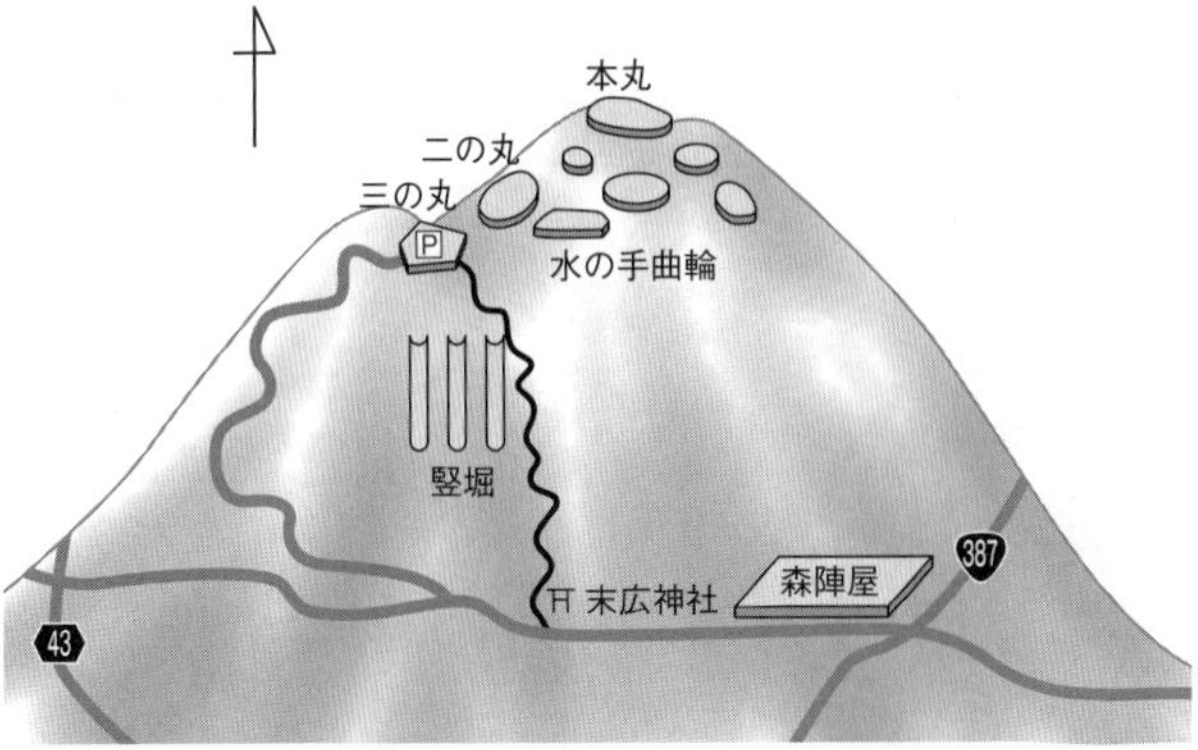

年（一五九四）豊後国の玖珠《くす》・日田《ひた》郡には、秀吉の家臣毛利高政が入った。

　毛利高政は、日隈《ひのくま》城を日田郡の拠点、角牟礼城を玖珠郡の拠点とし、自らは日隈城を居城とする。角牟礼城を石垣造りに改修したのは、この高政の時代であったという。

改修の途中だったのか

　JR久大本線豊後森駅からバスに乗り、「伏原」で下車すれば、末広神社から徒歩五〇分ほどで角牟礼城の三の丸に着く。なお、三の丸までは、林道も通じているので車でも登城は可能である。

　三の丸は、角牟礼城の最前線の曲輪にあたる。東斜面には、敵の移動を阻む竪堀がいくつも設けられているが、こうした竪堀は、田んぼの畝《うね》のようにみえるため、畝状竪堀という。三の丸の石垣は、野面《のづら》

水の手曲輪では、長さ100メートルにもおよぶ石垣が往年を伝える

積《づみ》と呼ばれる古い時代の手法で積まれている。

三の丸から門の跡を越えると、水の手曲輪に至る。ちなみに、ここは一般的に搦手口と呼ばれているが、大手口であった可能性が高い。水の手曲輪は、谷を石垣で塞ぐことで水をためていた。石垣の高さは五〜八メートル、長さが百メートルほどある。

水の手曲輪から北に進み、小高くなっているところが二の丸である。二の丸の西には門の跡があり、こちらが大手口とされている。しかし、前述の通り、こちらが搦手口であった可能性も否定はできない。

二の丸からさらに進めば、本丸に至る。

この本丸は、おそらくは戦国時代の角牟礼城のままであり、毛利高政による改修もほとんど受けていないように思われる。もしかしたら、改修の途中であったのかもしれない。

来島氏の陣屋

毛利高政は、慶長五年（一六〇〇）の関ヶ原の戦いで、当初は西軍についたものの、最終的には東軍につく。戦後の論功行賞で、高政は豊後国佐伯《さいき》城に移り、角牟礼城には、来《くる》島康親《しまやすちか》が入っている。

来島氏は、もとはと言えば瀬戸内海に覇を唱えた村上水軍の一族である。村上水軍は、能島《のしま》の村上氏、因島《いんのしま》の村上氏、来島の村上氏が「三島村上水軍」と呼ばれていた。織田信長と毛利輝元が瀬戸内の覇権を争ったとき、能島の村上氏と因島の村上氏は毛利方についたが、来島の村上氏は織田方につく。以後、来島の村上氏は、来島氏を姓とするようになったという。ちなみに、のちには久留島と字を改めている。

来島氏は、城を築くことができる城主格とはされなかったため、山麓に陣屋を構え、角牟礼城を廃城とした。この陣屋を、森陣屋と言う。陣屋という扱いではあるが、壮大な石垣が残されているので、帰りにはぜひ立ち寄ってみたい。

唐沢山城

からさわやまじょう

栃木県佐野市
標高　約二五〇メートル
比高　約一八〇メートル

豊臣大名となった佐野氏の改修

唐沢山城は、平将門を追討したことでも知られる鎮守府将軍藤原秀郷《ひでさと》が築いたとされるが、確証はない。戦国時代には、藤原秀郷の後裔《こうえい》と称する佐野昌綱の居城となっていた。

このころ北関東には、越後国の上杉氏と相模国の北条氏の二大勢力が進出してきており、唐沢山城は、上杉氏と北条氏の双方から狙われてしまう。そのため、佐野氏は、上杉氏に攻められたときには上杉方につき、北条氏に攻められたときには北条方につくというように、うまく立ち回って命脈を保っている。

しかし、天正六年（一五七八）に上杉謙信が没したことで、このバランスが崩れ、北条

唐沢山城

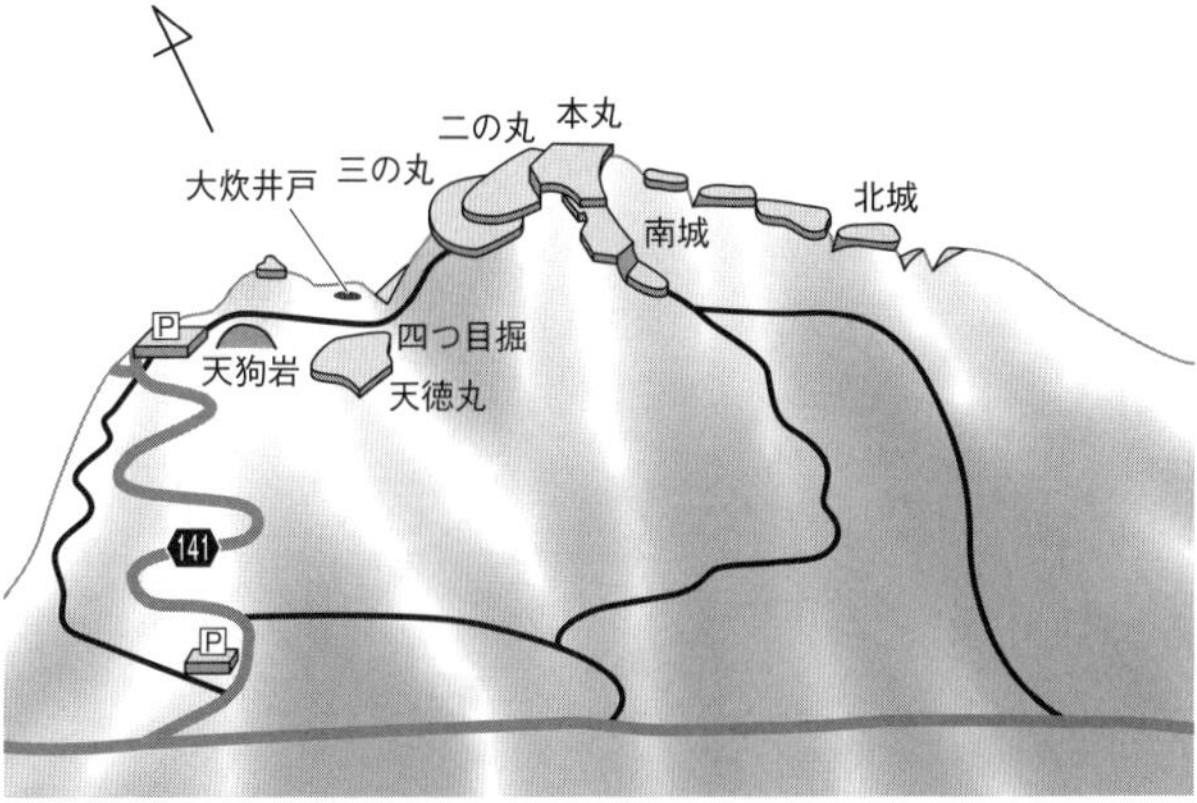

氏の圧力が次第に強まっていく。とうとう、天正十三年（一五八五）、昌綱の子宗綱《むねつな》が陣没したあとに嗣子がなかったことから、北条氏康の子氏忠《うじただ》を養子として迎えざるをえなくなってしまった。こうして、唐沢山城は、北条方の属城となってしまったのである。

このとき、北条氏に反発した佐野氏の一族天徳《てんとく》寺《じ》宝衍《ほうえん》（佐野房綱《ふさつな》）は、関白となった豊臣秀吉に接近する。そのため、天正十八年（一五九〇）の小田原攻めで北条氏が滅びると、宝衍が佐野氏の当主として認められ、唐沢山城を大改修した。現在の唐沢山城は、おおむね、宝衍によって改修されたときの姿と言える。

唐沢山城は、関ヶ原の戦い後、宝衍の跡を継いだ養嗣子の信吉《のぶよし》が新たに佐野城を築いたため、廃城となった。なお、唐沢山城跡には、明治十六年

（一八八三）、藤原秀郷を祀る唐沢山神社が創建されたため、全山がその境内地となっている。

関東では珍しい石垣の城

唐沢山城へは、東武鉄道佐野線の田沼駅で下車し、徒歩四〇分ほどで着く。関東ふれあいの道とも呼ばれる「松風のみち」を上ると、山上の駐車場に至る。ここはかつて蔵屋敷があった場所で、車ならここまで上ってくることも可能である。

大手口は、枡形となっており、立派な石垣が残っている。ただし、これらは明治時代に積み直されたもので、残念ながら当時のままの石垣ではない。

大手口から本丸に向けて進むと、大炊《おおい》井戸と呼ばれる、直径約九メートルの大井戸がある。築城に際し、厳島大明神の神託の通りに掘ったところ、水が湧き出たとの伝承があり、今でも涸《か》れていない。石組みは、明治時代に積み直されているが、井戸そのものは、当時のものである。

大炊井戸の南側には、天徳丸がある。天徳寺宝衍が居住した曲輪というが、確かなことはわからない。ただし、水の手である大炊井戸を守る重要な曲輪であった。

天徳丸の先には、四つ目堀という堀切があり、この堀切を越えると主郭部に入る。ここ

本丸の南側に築かれた高石垣は唐沢山城のハイライトだ

から本丸までは、三つ目堀、二つ目堀、一つ目堀という堀切が続く。四つ目堀には、現在、唐沢山神社の参道として石橋が架けられているが、当時は木橋であったらしい。万が一のときには、その木橋を落とせば敵の侵入を阻むことができた。

さて、四つ目堀を渡ったら、三の丸のほうへ行ってみよう。三の丸には、当時、「御使者の間」という応接施設があったらしい。その三の丸を越えると、土塁に囲まれた二の丸があり、その先が本丸となる。

本丸の南側には、高さ約八メートルの高石垣が五〇メートル以上も続いていて、圧巻である。この石垣は、天徳寺宝衍が改修したときに築かれたものとされる。

高度な技術が用いられていることからすると、秀吉が畿内の石工を派遣した可能性もあるだろう。

本丸の東には、長門丸・金の丸・杉曲輪・北城と呼ばれる曲輪が連なる。この北城が唐沢山城の最北端となる。

最後に、唐沢山城の最南端に位置する南城に行ってみよう。南側は遮るものがないため、眺望はすこぶるよい。佐野の市街地はもとより、遠くは東京スカイツリーや新宿の高層ビル、さらには富士山が見えることもある。

それでは、ここから来た道を引き返し、駐車場まで戻ろう。帰りがけには、唐沢山城を廃して築かれた佐野城にも行ってみたい。

金山城

かなやまじょう

群馬県太田市
標高　約二四〇メートル
比高　約一九〇メートル

岩松氏と由良《ゆら》氏

金山城は、新田氏の一族岩松氏の居城であった。しかし、重臣であった横瀬《よこせ》泰繁《やすしげ》が下剋上によって主家を討ち、泰繁の子成繁《なりしげ》は姓を由良と改め、独立した戦国大名となっている。

由良成繁は、金山城を拠点に上野国東部に覇を唱えたが、その子国繁の代には、このころ関東を制覇していた北条氏に敗れてしまう。天正十二年（一五八四）、小田原を訪れた国繁とその弟長尾顕長《あきなが》が北条氏政に幽閉され、以後、北条氏の属城になった。金山城には北条氏から城将が派遣されてきており、石垣も、北条氏の時代に築かれたとされる。

金山城は、北条氏の属城となっていたため、天正十八年（一五九〇）の小田原攻めでは、前田利家らに攻められ、降伏開城した。そして、そのまま廃城になったという。

江戸時代には幕府の直轄地となったために立ち入りが制限され、結果的に遺構が保たれることになった。近年、城跡の整備が進められている。

本丸までの防御

金山城へは、東武伊勢崎線太田駅で下車すると、徒歩六〇分ほどで着く。ハイキングコースにもなっているため、上りにくいということはない。

まずは、主郭の西に位置する西城に行ってみよう。駐車場の北側にあたり、車であればここまで上ってくることができる。西城は、広い曲輪群から構成されており、城将の居館にもなっていたらしい。北条氏の支配下では、高山定重や宇津木《うつぎ》氏久《うじひさ》といった上野国の国人領主が城将として金山城の守備にあたっていた。

西城から本丸へと向かう登城道は、四本の堀切などで厳重に防御されている。特に西櫓台の西堀切は、堀底に石が敷き詰められており、通路としても用いられていたらしい。通路の先は丸太で組まれた桟道になっており、有事の際には、桟道を落とす仕掛けであったようである。桟道は本丸のほうに続くが、現在、立ち入り禁止となっているため、元の登城道に戻ろう。

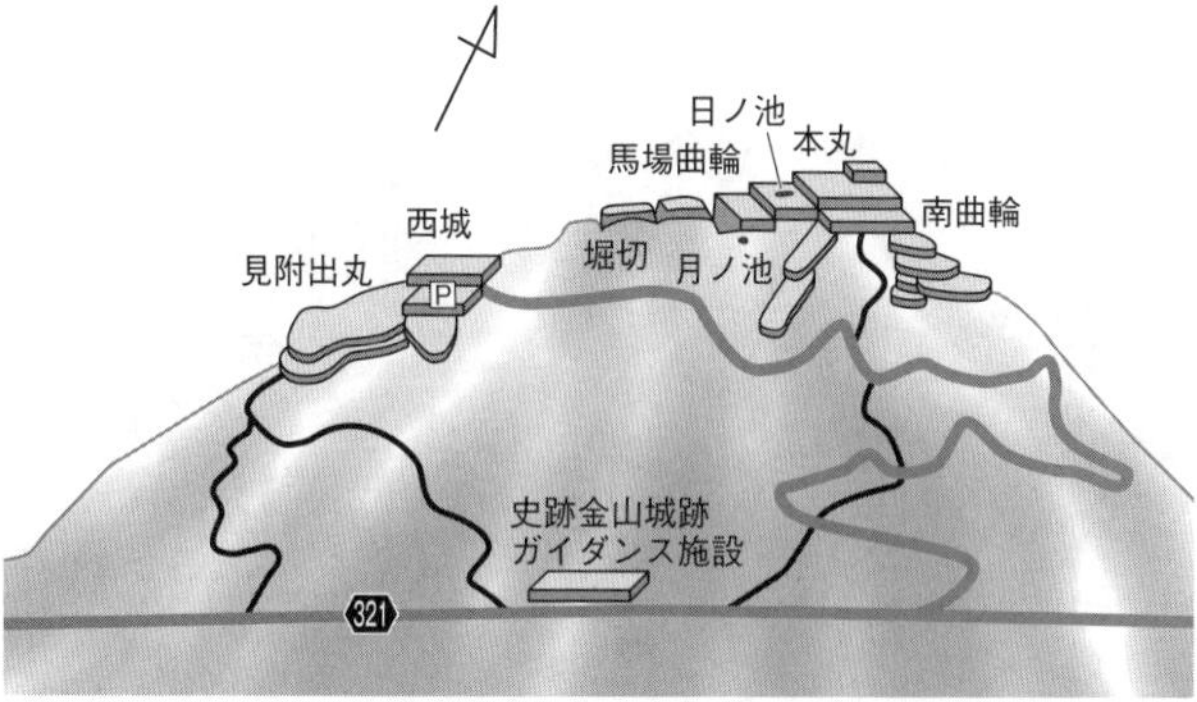

そのまま本丸に向かって進むと、推定復元された木橋が架けられている。この木橋の下は、斜面の移動を阻むために設けられた竪堀となっており、馬場曲輪に至る。

馬場曲輪は、馬がいた場所ということになるが、後世の命名なので、実際に馬場として用いられたものではないらしい。現在、発掘調査で見つかった柱穴を利用して、建物が推定復元されている。

この馬場曲輪の西端には、金山城の北を望む物見櫓があった。物見櫓跡に設置されている展望台からは、赤城《あかぎ》山・榛名《はるな》山・妙義《みょうぎ》山のいわゆる上毛《じょうもう》三山を望むことができる。

戦勝祈願をした池

馬場曲輪から本丸に向かうと、最後の堀切にぶつかる。この堀切は、金山城でもっとも大きい。北側は竪

大手口の石垣は後世に積み直されたものだが、往時をしのばせる

堀としてつながり、南側は月ノ池にぶつかっている。月ノ池は、直径約七・五メートルの池で、今でも水が涸れることはない。

月ノ池を越えると、主郭に入る大手口が見えてくる。大手口からの登城道は石敷きで、左右も石垣に囲まれている。ここに侵入した敵は、石垣の上に設けられた塀から攻撃されることになるわけである。

石垣で囲まれた通路を抜けた先に、大きな池がある。直径は約一七・五メートルもあり、名は日ノ池という。発掘調査により、池の中からは祈禱に用いられたとおぼしき焼き物の馬が見つかっており、戦勝祈願なども行われていたと考えられている。

日ノ池の南側が南曲輪で、ここからは関東平野が一望でき、東京スカイツリーも見える。休憩所もあるので、ここで休んでもよい。推定樹齢八百年の大欅《けやき》を過ぎれば本丸跡に着く。

本丸跡には、現在、新田《にった》義貞《よしさだ》を祀る新田神社が鎮座している。新田神社は、明治八年(一八七五)、新田義貞の嫡流と称する由良氏の子孫によって創建されたものである。

さて、ここからは来た道を引き返すことになる。山麓には「史跡金山城跡ガイダンス施設」があり、出土した遺物や模型などを展示している。帰りがけにはぜひ立ち寄ってみたい。

鶏籠山城

けいろうざんじょう

兵庫県たつの市
標高　約二二〇メートル
比高　約一八〇メートル

赤松氏の居城

鶏籠山城が築かれているのは、揖保《いぼ》川の西岸に位置する鶏籠山の山上である。鶏籠山は、山そのものが鶏籠《とりかご》に似ていることから、名づけられたものという。

鶏籠山城は、もともと播磨守護赤松氏の庶流が居城としたところで、戦国時代には、置塩城に拠る赤松宗家をよく支えた。しかし、赤松広秀のとき、織田信長の命を受けた羽柴秀吉が播磨国に侵入してきたため、降伏開城している。

天正八年（一五八〇）、播磨国を平定した秀吉は、鶏籠山城に家臣の蜂須賀《はちすか》正勝《まさかつ》をいれた。こうして、鶏籠山城は、蜂須賀正勝によって総石垣の近世城郭へと改修されたのである。

鶏籠山城

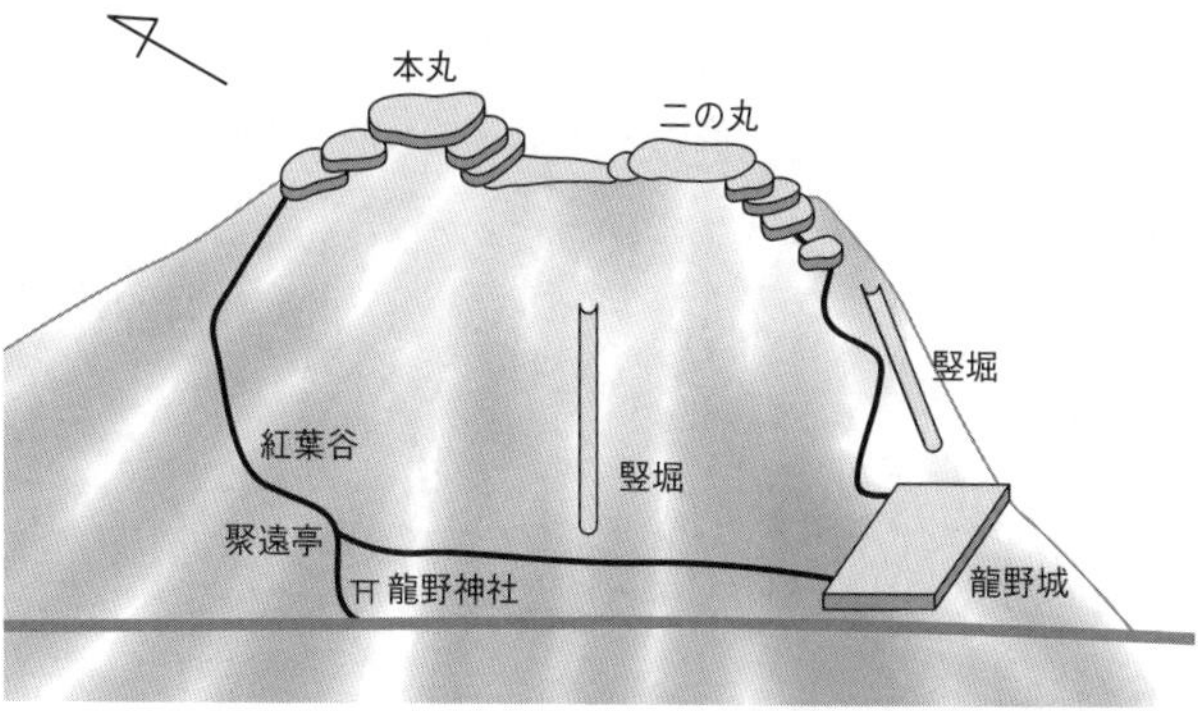

その後、福島正則・木下勝俊・小出吉政といった秀吉麾下《きか》の大名が入り、その後は、秀吉の直轄地である蔵入り地となっていた。慶長五年（一六〇〇）の関ヶ原の戦い後には、姫路藩主池田輝政の支城となるが、元和元年（一六一五）に一国一城令が出されたあと、破却されたらしい。

ちなみに、鶏籠山の麓に築かれた龍野城は、天領の時代を経たのち、江戸中期の寛文十二年（一六七二）に入城した脇坂安政が山麓の居館部分のみを再建したものである。

転用された石垣

鶏籠山城へは、JR姫新線本竜野駅から徒歩一五分ほどで着く。まずは鶏籠山の麓にある龍野城を目指そう。龍野城の背後の山が鶏籠山城である。現在は国有林となっているため、原生林ではあるが、その分、幸

麓の龍野城では、御殿、隅櫓などが再建されている

いなことに遺構の損壊は少ない。

登城道は、龍野城本丸御殿の北側から続いている。上り始めておよそ二〇分で二の丸に着く。二の丸の南端は横堀で囲まれ、さらにその横堀は、竪堀につながっている。竪堀は斜面の移動を阻むためのもので、鶏籠山城では、東西二本の竪堀が山麓の居館まで設けられている。

二の丸は段差をつけて築かれていて、要所には石垣が目立つ。二の丸の石垣は、すでに赤松氏の時代に築かれていたと考えられている。ただし、二の丸の石垣は龍野城の築城に際して転用されたらしく、崩落していて原状をほとんど留めていない。

二の丸から北に向かって上っていくと

本丸に至る。本丸と二の丸との間の通路には、米蔵や櫓があったという。本丸は、東西約二〇メートル・南北約一四メートルの広さがあり、ここの石垣は、織豊期のものとされている。

本丸の下には、八幡宮の跡があり、立派な石畳が残されている。この八幡宮は、鶏籠山城の守護のため、築城時に祀られたものだという。

脇坂氏の上屋敷

本丸から、さらに西に進むと、尾根を下って紅葉谷に出る。山麓をさらに西へ向かうと、脇坂氏の上屋敷跡に至る。江戸時代、龍野城の城内が手狭になったことから、本丸御殿は政務にのみ用いられ、城主の脇坂氏はこの上屋敷に居住していたのである。上屋敷跡には、風流な茶室聚遠亭《しゅうえんてい》が残されているが、これは、幕末に京都所司代（のち老中）をつとめた脇坂安宅《やすおり》が孝明天皇から拝領したと伝わっている。

聚遠亭の南には、藩祖脇坂安治を祀る龍野神社もある。龍野神社で参拝をすませたら、帰りには、たつの市立龍野歴史文化資料館に寄ってみたい。鶏籠山城・龍野城や藩政時代の資料が展示されている。

竹田城

たけだじょう

兵庫県朝来市
標高　約三五〇メートル
比高　約二五〇メートル

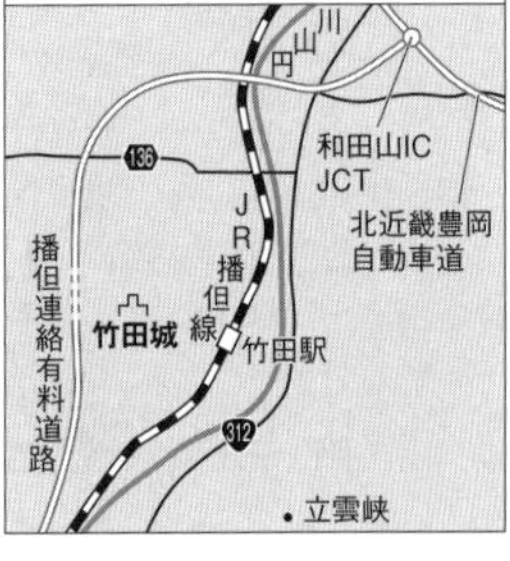

但馬守護代太田《おおた》垣《がき》氏の城

竹田城のある兵庫県朝来《あさご》市は、かつては但馬国朝来郡と呼ばれていた地である。ここは、播磨から北上する播但《ばんたん》道と、山陰と京都を結ぶ山陰道の接点にあたる古代からの要衝だった。しかも、竹田城の南約一五キロメートルには、我が国有数の銀山として知られる生野《いくの》銀山もある。生野銀山は、戦国時代から但馬守護山名氏によって本格的な採掘が始まり、織田信長・豊臣秀吉・徳川家康も直轄したほどの銀山で、江戸時代には代官所がおかれていた。竹田城には、生野銀山を押さえる目的もあったようだ。

しかし、竹田城がいつ築かれたのかということについては、実のところ、よくわかって

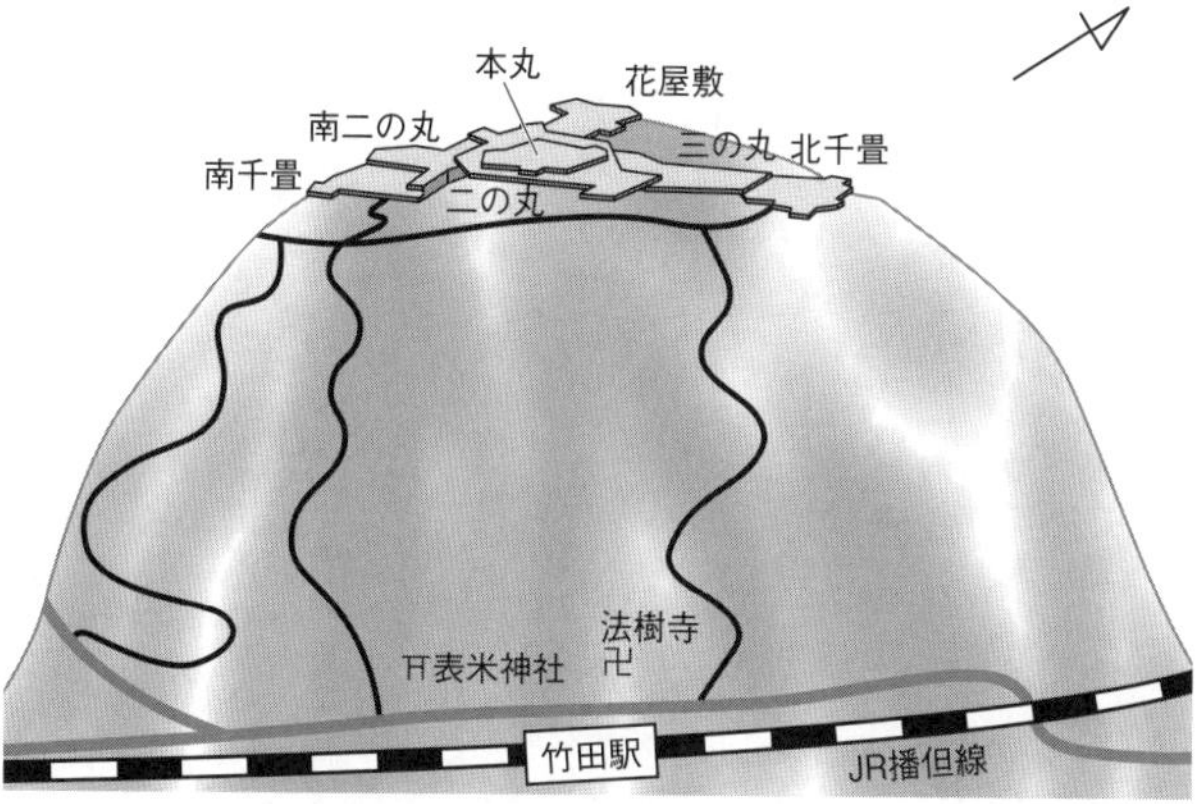

竹田城

いない。嘉吉年間（一四四一〜四四）、但馬国の守護となった山名宗全が築き、従属した国人の太田垣光景《みつかげ》を城主にしたともいうが、史実かどうかは不明である。いずれにしても、室町時代には、守護代についた太田垣氏の居城となっている。

戦国時代に入ると、西からは毛利輝元、東からは織田信長が進出してきたため、但馬国は毛利氏と織田氏との争いに巻き込まれていく。このとき、竹田城主太田垣輝延《てるのぶ》は、主家の山名祐豊とともに毛利氏に降伏し、その麾下に属した。このため、天正五年（一五七七）、織田信長の命を受けて播磨国から但馬国に侵攻した羽柴秀吉に攻められることになってしまったのである。結局、天正八年（一五八〇）、太田垣輝延は城を逐《お》われ、竹田城は秀吉の支配下に組み込まれた。このあと、竹田城には秀吉の弟秀長が入り、さらには、秀吉の家臣桑山重晴《くわやましげはる》が城主となっている。

　その後、天正十三年（一五八五）、桑山重晴が紀伊国の和歌山に転封となったとき、代わりに城主となったのが赤松広秀だった。赤松氏は、もとはといえば播磨国の守護家で、嘉吉の乱を起こして将軍足利義教を暗殺した赤松満祐の後裔にあたる。鶏籠山城（184ページ）主であった広秀は、播磨国を平定した秀吉に従い、秀吉による四国平定にも参陣している。その論功行賞の意味合いもあったのであろう。この年、竹田城を与えられたのである。

赤松広秀の改修か

　山上の高石垣が有名な竹田城であるが、これは赤松広秀が城主になったあとに築かれたもののようだ。城跡からは、朝鮮の技法を用いた高麗瓦が出土しており、これは文禄・慶長の役を契機に導入されたものと見ることができる。そのようなわけで、竹田城が近世城郭として改修されたのは、文禄年間（一五九二～九六）あるいは慶長年間（一五九六～一六一五）初めだと考えられている。

　太田垣氏の時代の竹田城がどのようなものであったかはわからないが、石垣はなく、土造りの城であったろう。太田垣氏時代の曲輪はそのままに、石垣が築かれたようである。

石垣で築かれた櫓台が完全な方形になっていないのも、曲輪の形に石垣を合わせた結果であると考えれば納得がいく。

山の中腹には、いくつかの石取場が残されており、石垣の石材は主にそこから運び出されたようである。それにしても、石垣は山頂一帯を囲んでおり、相当な時間と労力が費やされたのではないだろうか。ちなみに、赤松広秀が秀吉から与えられた所領の石高は二万二千石にすぎない。これだけの規模の城を単独で築くことができたとは考えにくく、秀吉の支援を受けていたのは間違いのないところであろう。もしかしたら秀吉自らが築城に携わり、広秀に与えた可能性もある。いずれにしても、竹田城についての史料は乏しく、具体的なことは残念ながらよくわかっていない。

さて、この竹田城を近世城郭に改修した広秀であるが、秀吉の死後に起きた慶長五年(一六〇〇)の関ヶ原の戦いでは、西軍に属して東軍細川幽斎の丹後田辺《たなべ》城を攻めている。そして、西軍が敗北するやいなや東軍に寝返り、西軍宮部長房の因幡鳥取城を攻めたのだが、城下に火を放って延焼させた咎で自刃を命じられてしまった。一説には、広秀の正室が宇喜多秀家の妹であったことから、秀家の逃亡に関与していたと疑われたのだという。広秀の死後、竹田城は廃城となった。

「天空の城」としての人気もすっかり定着した竹田城。秋の雲海に浮かぶ風景が幻想的だ

山上の石垣

竹田城は、JR播但線竹田駅の目の前にあり、山上の石垣を見ることができる。竹田城の主郭は、その石垣で囲まれた部分にあるが、この主郭に城主が住んでいたわけではない。赤松氏の菩提寺である法樹寺周辺には、主郭の石垣と同じ技法で構築された石垣が残っているうえ、方形に区画がされていることから、城主の居館などがあったと考えられている。つまり、城主といえども、山頂の主郭に住むことはなく、日常生活は山麓の居館で送っていたのだ。

駅から城跡に行くには、歩きの場合

は三つのルートがある。ここでは、居館からの大手道と考えられる法樹寺横からの「駅裏登山道」を利用しよう。麓から四〇分ほど上れば、大手門の跡に着く。

石垣で組まれた大手門の跡をくぐると、北千畳曲輪に至る。その名の通り、広大な曲輪で、ここには往時、瓦葺きの建物が並んでいたらしい。北千畳曲輪から三の丸・二の丸を通れば、やっと本丸に至る。

本丸は、竹田城の最高所にあり、ほぼ中央に高さ一〇メートルほどの天守台がある。ただし、天守についての記録がないため、残念ながらどのような建物が存在していたのかはわからない。天守台そのものに石段がないため、天守に続く櫓などに出入口があったと考えられている。

本丸から、平殿と呼ばれる細長い曲輪を通ると、南二の丸に出る。この南二の丸の先に南千畳曲輪があり、北千畳曲輪同様に広い。ここにも何らかの建物があったと考えられている。

南千畳曲輪が、城域の最南端であり、これで一通り、城跡を歩いたことになる。案内に従って、帰るとしよう。

もし、時間に余裕があれば、竹田城の南東に位置する立雲峡《りつうんきょう》から、竹田城を眺めてみたい。秋の早朝であれば、朝霧の雲海《うんかい》に浮かぶ竹田城を見ることもできる。

赤木城

あかぎじょう

三重県熊野市
標高　約二三〇メートル
比高　約三〇メートル

北山一揆

赤木城は、北山川の流域に広がる紀伊国牟《む》婁《ろ》郡北山郷にある。戦国時代、紀伊国は守護の勢威が弱かったため、国人・土豪といった武士だけでなく、金剛峯寺《こんごうぶじ》・根来寺《ねごろでら》・粉河寺《こかわでら》といった寺院も権力をもって割拠していた。そうしたなか、天下人となった豊臣秀吉は、天正十三年（一五八五）、実弟の秀長に紀伊国の平定を命じている。その後、秀長は、紀伊国を平定した功により、和歌山城主となった。

しかし、紀伊国がすぐに安定したわけではない。翌天正十四年（一五八六）、北山郷の土豪らが一揆を結んで蜂起したのである。原因は、太閤検地が原因とも言われるが定かで

赤木城

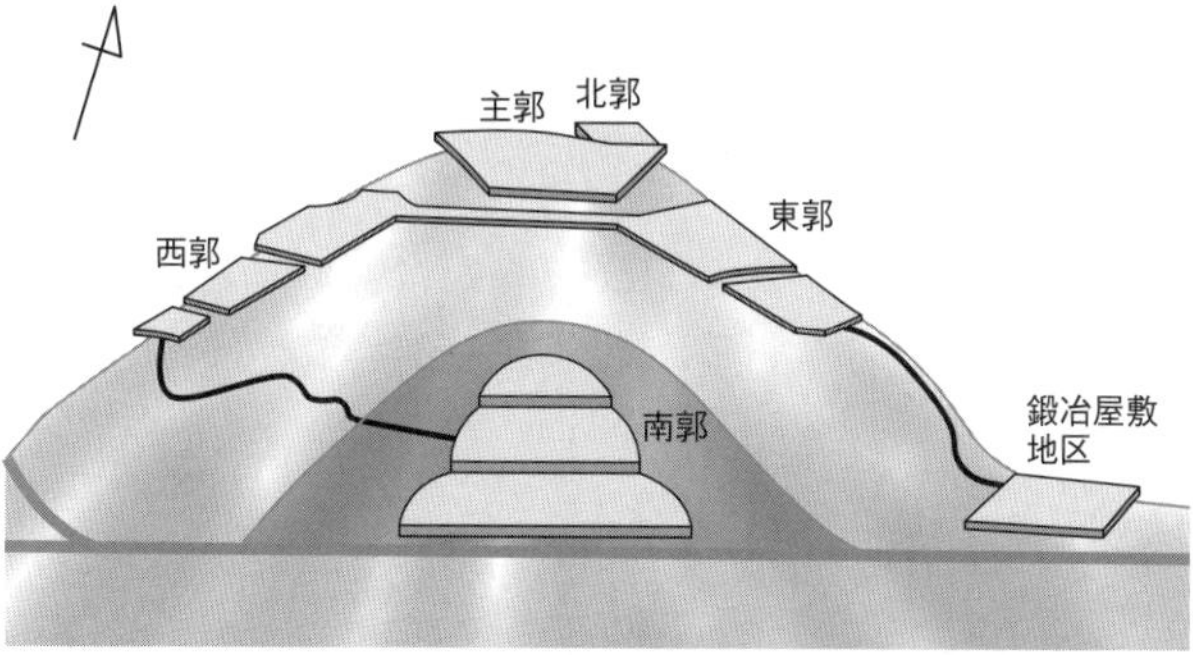

はない。年貢を徴収するために土地の生産高を調べるのが検地の目的であったから、検地によって、年貢の徴収を免れるために密かに耕作された水田を見つけられてしまう恐れもあったのかもしれない。あるいは、当時、熊野の木材に高い値がついていたから、その伐採《ばっさい》に関する権限で折り合いがつかなかったという可能性もあっただろう。

　秀長は、すぐさま鎮定の軍勢を差し向けたものの、一揆の抵抗も激しいうえ、秀吉の命に従って九州平定にも従軍したため、なかなかはかどらない。結局、秀長が一揆を鎮定することができたのは、三年後の天正十七年（一五八九）のことだった。

　こうして、一揆を鎮圧した秀長は、藤堂高虎《とうどうたかとら》に赤木城の築城を命じたという。高虎は、もともと、近江国の戦国大名浅井長政の家臣であったが、長政と織田信長が対立するなか、織田方につき、このときは秀長の家臣となっていたものである。高虎は、すでに和歌山城の普請奉行《ふしんぶぎょう》を任されており、築城名人として知られていたらしい。

藤堂高虎の築城

ＪＲ紀勢本線阿田和《あたわ》駅からバスに乗り、「田平子《たびらこ》」で下車すれば、歩いて一〇分ほどで赤木城に着く。比高は三〇メートルほどという典型的な平山城だが、標高が高い場所にあるため、秋には朝霧に浮かぶ天空の城を見ることができる。

登城道は、伝鍛冶《かじ》屋敷から続いている。かつてこの地は日本有数の銅鉱山があり、鍛冶屋敷もあったらしい。ここから道なりに進めば、東郭に至る。東郭は、主郭から南東にのびる尾根に築かれた曲輪群で、二段に区分されている。この東郭からさらに北に上れば、枡形をいくつも重ねた複雑な構造になっている出入口があり、これを越えるともう主郭である。

主郭は、東西約三三メートル・南北約二七メートルもあって、かなり広い。南端には石垣が張り出しているため、櫓があったとされる。曲輪から瓦が出土していないことからすると、ここには瓦葺きの建物はなかったようだ。

ちなみに、藤堂高虎は赤木城を築いただけで、居城としていたわけではない。高虎自身は、天正十五年（一五八七）、九州攻めの功により、紀伊国の猿岡山《さるおかやま》城主になっていた。秀長が天正十九年（一五九一）に病没したのち、秀吉の家臣となり、伊予国の板島（宇和《うわ》島《じま》）七万石に転封となっている。

和歌山城は、秀長の重臣桑山重晴が守っていたが、慶長五年（一六〇〇）の関ヶ原の戦い後、重晴の孫一晴《かずはる》が転封となり、替わって浅野幸長《よしなが》が入った。そうしたなか、北山郷の土豪は、浅野氏による検地に不満を覚えていたらしい。慶長十九年（一六一四）、大坂冬の陣を契機に再び一揆を結んで蜂起したのである。冬の陣が終結すると、幸長の跡を継いでいた子の長晟《ながあきら》は、北山郷に向かい、一揆の鎮定にあたった。赤木城はこのとき、浅野勢に利用された可能性もある。

赤木城は、その後、元和元年（一六一五）に一国一城令が出たあと、廃城になったらしい。石垣などが破却されており、現在見る石垣は、近年、修復されたものもある。

主郭から、西郭を経由して、南郭まで行ってみよう。南郭は三段の曲輪群から構成されており、礎石も見つかっている。ここには城兵の屯所《とんしょ》のようなものがあったかもしれない。

出土遺物は、熊野市紀和鉱山資料館に展示されているので、帰りがけに寄ってもいいだろう。

洲本城

すもとじょう

兵庫県洲本市
標高　約一三〇メートル
比高　約一三〇メートル

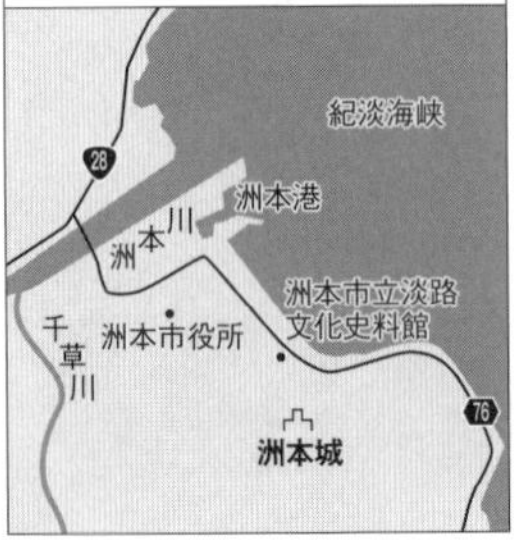

淡路水軍の拠点

洲本城が築かれている淡路島は、今では兵庫県に属しているが、かつては、淡路国というひとつの国であった。戦国時代、洲本城は淡路水軍を率いた安宅《あたぎ》氏の居城となっていたが、天正九年（一五八一）、織田信長の淡路攻めにより、滅亡している。

その後、政治の実権を握り、四国の長宗我部元親を討つことを計画した豊臣秀吉は、洲本城を水軍の拠点にしようとした。こうして、天正十三年（一五八五）、秀吉の命をうけた脇坂安治が洲本城に入ったのである。この安治の時代に、洲本城は総石垣の近世城郭に改修されたと見られている。

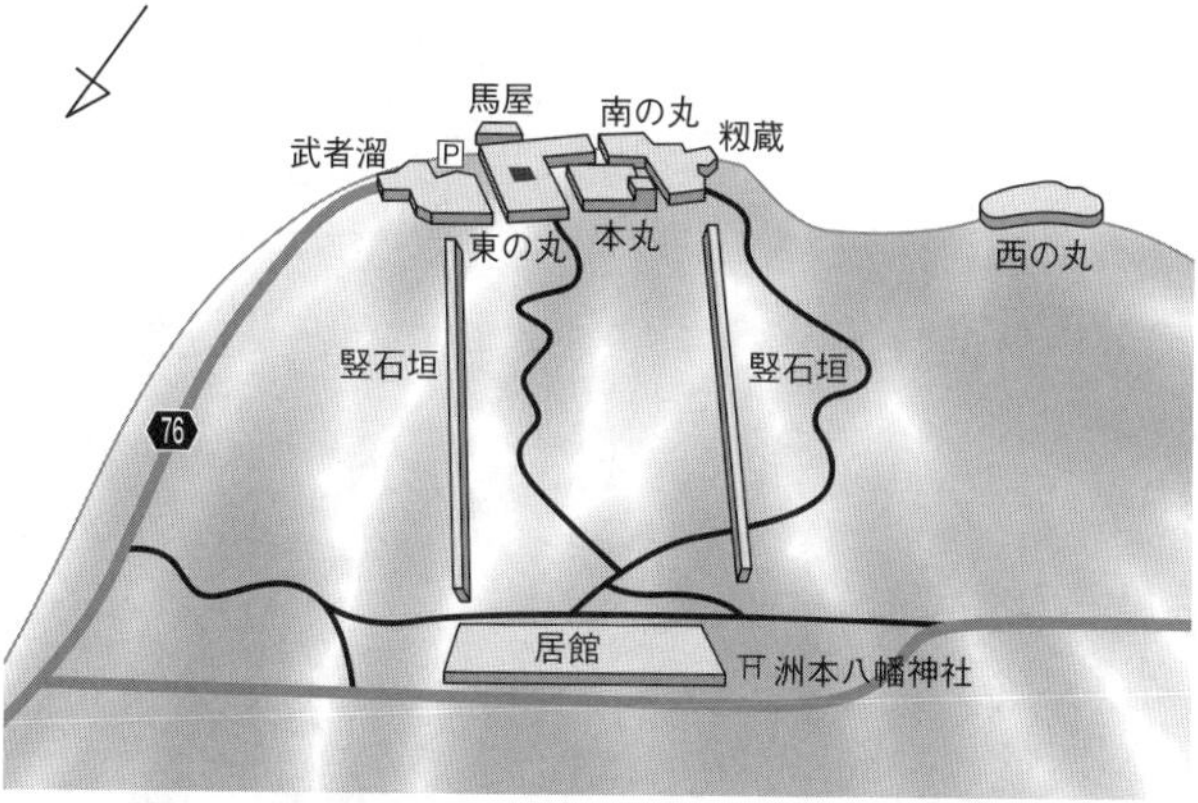

間近に見る竪石垣

洲本城へは、JR東海道本線三ノ宮駅バスターミナルから高速バスに乗り、「洲本高速バスセンター」で下車する。その南側に聳《そび》えている三《み》熊《くま》山の山上に、洲本城は築かれている。ちなみに、三熊山というのは、高熊《たかくま》山・乙熊《おとくま》山・虎熊《とらくま》山という三山の総称で、厳密に言えば、洲本城が築かれているのは、高熊山ということになる。

麓から高熊山の山上までは車でも行けるが、洲本八幡神社の横を通って歩いて上ってみたい。途中には、竪石垣を見ることができる。竪石垣は、登《のぼり》石垣とも言い、山の斜面に築いた石垣で、敵による斜面移動を阻むものである。洲本城では、山麓の居館から山上の主郭まで、東西二つの竪石垣が築かれていた。このうち、西側の竪石垣は、

現存の模擬天守としては現在日本でもっとも古い

登城道からもよくわかる。なお、この竪石垣も、脇坂安治によって築かれたものと考えられている。

現存最古の模擬天守

麓からおよそ二〇分ほど上れば、搦手口に着く。ちなみに、現在、搦手口と呼ばれている場所は、脇坂氏の時代には大手口であったらしい。この搦手口から主郭部に入ることもできるが、まずは西の丸に行ってみよう。

搦手口からは平坦な道を尾根に沿って二〇〇メートルほど進むと西の丸に至る。ここは、南の乙熊山からの攻撃を想定した出丸であった。北側は天然の断崖となっており、西面から南面にかけて、防御のための石垣が築かれている。

西の丸から主郭部に戻り、いざ大手口に向かおう。大手門跡を抜けて最初に入ることになるのが東の丸である。ここには、日月井戸《じつげつ》と呼ばれている池がある。もちろん、籠城時の飲料水として用いられるものであったろう。

なお、この東の丸のさらに東側には、武者溜と呼ばれる曲輪が続いている。このあたりの曲輪には、城兵が駐留していたらしい。

東の丸から西に行けば、本丸である。眺望に優れ、紀淡《きたん》海峡はもちろん、遠く堺や和歌山方面も望める。洲本城が、淡路水軍の拠点として築かれた理由もよくわかる。

本丸には東西約一五メートル・南北約二〇メートルの天守台があり、現在、こぢんまりとした模擬天守が建てられている。これは、昭和三年(一九二八)、昭和天皇の即位を記念して建てられたもので、老朽化したため、今は入ることができない。ちなみに明治維新後に建てられた模擬天守としては、現存最古のものである。

本丸の南側には、南の丸があり、さらに西へ進むと籾蔵《もみぐら》と呼ばれている曲輪がある。ここは、洲本城の米蔵であったらしい。

山麓の御殿

これで洲本城を一通りまわったことになるので、来た道を引き返すとしよう。山麓にも石垣が残るが、これは、脇坂氏の時代のものではない。元和元年（一六一五）の大坂の夏の陣後、阿波国の蜂須賀至鎮《よししげ》に淡路国が与えられ、蜂須賀氏の家老稲田氏が城代として洲本城に入った。このとき、山上の洲本城は廃城となり、山麓には蜂須賀氏が参勤交代する際に宿泊する御殿が建てられたのである。

御殿跡は、洲本市立淡路文化史料館となっているので、帰りにはぜひ立ち寄って観覧したい。また、御殿の玄関と書院が「金天閣《きんてんかく》」として洲本八幡神社に移築されている。

第五章　江戸期の城——山城の時代から平城の時代へ

織田信長と豊臣秀吉による天下統一の過程で、戦国大名は淘汰されていき、結果的には有力な大名だけが残っている。こうした大名は、築城にあたり、大量の土木工事を行うことも可能になった。そのため、政治的、経済的な観点から平地に城を築く（平城）場合でも、堀幅を広くしたり、石垣を高くしたりすることで、山城に勝るとも劣らない要害性を満たすことができるようになったのである。

もちろん、土地が狭いところでは平城を築くことができない。そのため、山間部においては、戦国時代以来の山城を石垣造りの近世城郭に改修して利用している。

慶長五年（一六〇〇）、関ヶ原の戦いで勝利をおさめた徳川家康は、元和元年（一六一五）に大坂夏の陣で豊臣秀頼を滅ぼすと、ただちに一国一城令を出した。これは、諸大名に、居城としている本城のみの存続を認め、それ以外の支城の破却を命じたものである。明文化された法令ではなく、諸国の大名それぞれに宛てた書状として公布され、文面には「貴殿御分国《ごぶんこく》中の居城をば残し置かれ、其《そ》の外《ほか》の城は悉《ことごと》く破却《はきやく》あるべきの旨上意に候」などと書かれていた。

諸大名が領国内の支城を破却したことにより、江戸時代には、小藩の陣屋を含めても、城の数は三百ほどに激減したのである。

高取城

たかとりじょう

奈良県高市郡高取町
標高　約五八〇メートル
比高　約三九〇メートル

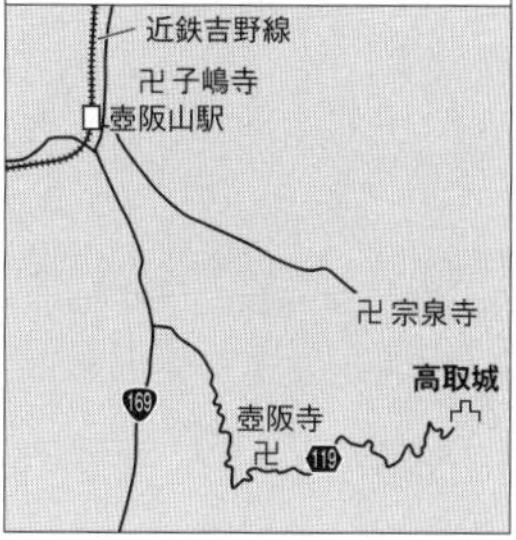

豊臣秀長の属城

高取城は、吉野山に連なる高取山に築かれている。南北朝時代に築かれたとも言われるが、砦のようなものであったかもしれない。戦国時代には、大和国の南部に勢威を誇った越智《おち》氏の詰の城となっていた。しかし、その越智氏も、大和国の北部を勢力下におく筒井《つつい》氏と覇を競った末に没落してしまう。

大和一国は、天正十三年（一五八五）、天下を統一した豊臣秀吉により、その弟秀長に与えられた。ただし、秀長自身は、大和郡山城を居城としたため、高取城には秀長の重臣本多俊政が入っている。現存の遺構は、大まかに言えば本多氏によって改修されたものというが、俊政の子政武に嗣子なく、本多氏は断絶した。

　その後、寛永十七年（一六四〇）、三代将軍徳川家光の近臣植村家政《うえむらいえまさ》が高取城に入ったが、山上での生活を避けたものであるらしい。「下屋敷」と称する居館を山麓に建てて、生活の場としたのである。このため、家臣の屋敷も山麓に移されている。こうして、高取城は、江戸時代を通じて警備の兵がおかれるだけの城となり、幕末を迎えた。

山城に聳えた三重の天守

　高取城へは、近畿日本鉄道吉野線壺阪山《つぼさかやま》駅から歩くことになる。城下からは、高取城がよく見えていたのだろう。江戸時代には、「たつみ高取　雪かとみれば　雪ではござらぬ土佐の城」と謳われている。土佐とは高取城の城下町で、高取城の白い城壁が目立っていたらしい。

　城下町の土佐から登城道を上ると、二時間ほどで、一の門である「黒門」の跡に着く。なお、「黒門」の先にある宗泉寺は、江戸時代に創建された藩主植村氏の菩提寺で、もともとは植村家政の下屋敷があったところである。

　「黒門」からは、急勾配の一升《いっしょう》坂を上ることになる。一升坂の名は、築城に際し、石を運ぶ人に米一升を加増したことにちなむという。一升坂を上りきった先に、二の門の跡が

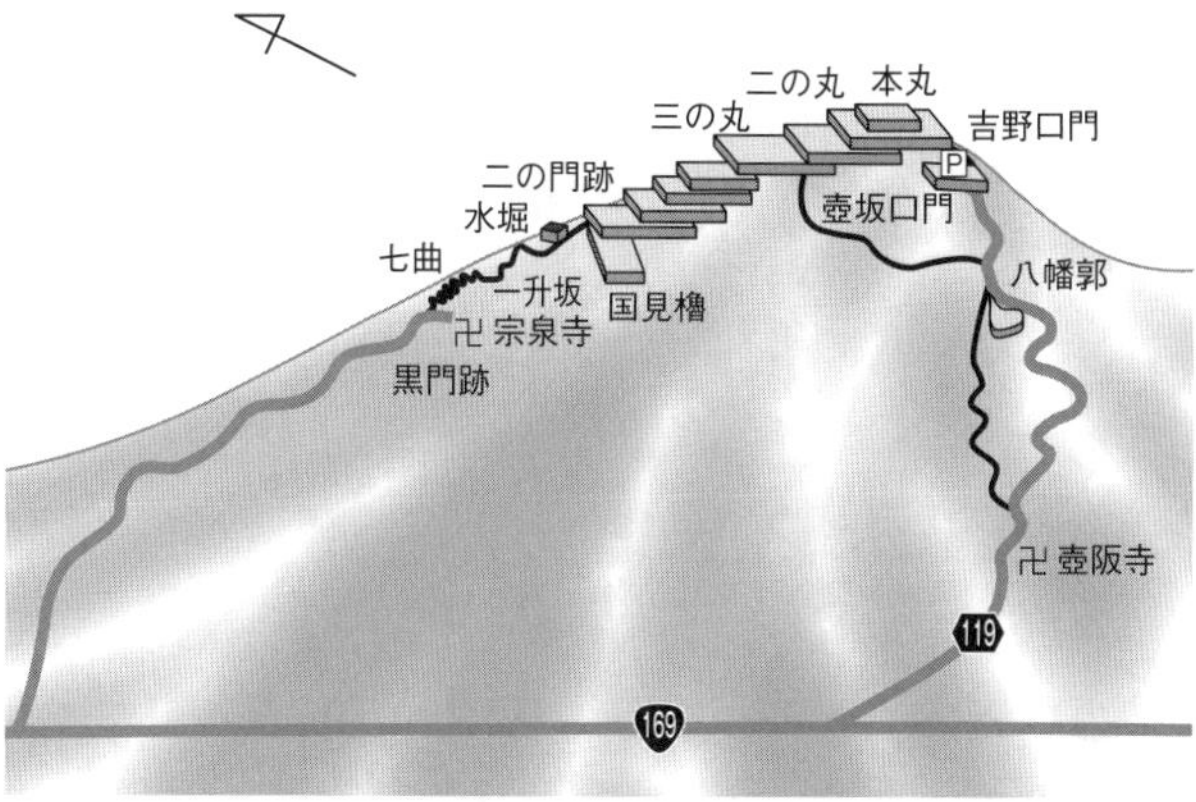

ある。門は、現在、城下の子嶋《こじま》寺に移築されているので、ここにはない。

二の門付近には、水堀がある。山城の横堀は、ほとんどが空堀であるから、水堀があるというのは大変に珍しい。飲料水としても用いられていたものだろう。

二の門からは、つづら折りの登城道に従って本丸に向かう。この間、石垣で囲まれた曲輪があるが、多くは家臣の屋敷地だと考えられている。途中、国見櫓の跡からは、文字通り大和一国を一望できる。

登城道まで戻ってさらに上っていけば、三の丸を過ぎたところに大手門がある。大手門は、城内でもっとも大きな枡形となっており、防備は固い。当時は石垣の上に櫓があり、突破するのは容易ではなかったろう。

大手門を越えると二の丸で、江戸時代に城主となった植村家政が山麓の「下屋敷」に移るまで、城主の居館があった。二の丸の東に位置する一段高い石垣に囲まれた曲輪が本丸である。

本丸は二段から構成されていて、上段は八メートルにおよぶ高石垣で囲まれた天守曲輪となっている。天守曲輪の北西に三重天守があっただけでなく、南西にも小天守があり、長屋状の櫓である多聞櫓でつなぐ形になっていた。

堅固な城門

ここで、本丸から来た道を引き返し、大手門から東へ吉野口郭に向かおう。吉野口門は、南東を防備する門で、背後の本丸との間に竪石垣と竪堀がある。竪石垣と竪堀は、敵による斜面の移動を阻むために設けられていた。なお、この吉野口門の前には木橋がかけられていたらしい。

再び、大手門まで戻り、壺坂口郭に行ってみるとしよう。ここには、西方を守備する壺坂口門があった。ここまでが、高取城の城域である。

壺坂口門からは、大手門を経由して来た道を戻ることもできるし、壺坂口門から城外に出て、壺阪寺《つぼさかでら》に向かうこともできる。壺阪寺まではハイキングコースも整備されているが、途中まで林道も通っているので、車で来ることも可能である。

　壺阪寺は、飛鳥時代に創建されたと伝わる古刹で、西国三十三所の第六番札所にもなっている。ここからは、壺阪山駅までバスも出ているので、歩き疲れたらバスに乗って帰るとしよう。

岡城

おかじょう

大分県竹田市
標高　約三三〇メートル
比高　約一〇〇メートル

中川秀成《なかがわひでなり》の改修

岡城には、南北朝時代に大友氏の一族志賀《しが》氏が入っていたというが、確かなことはわからない。戦国時代には大友宗麟に従う志賀親次《ちかつぐ》の居城となっていた。島津氏と大友氏が対立するなか、天正十四年（一五八六）には島津軍の猛攻を受けるが、志賀親次は岡城を見事に守りきっている。

しかし、その後、大友宗麟の子義統が豊臣秀吉の勘気に触れて改易されると、志賀親次も所領を失ってしまう。こうして、文禄三年（一五九四）、岡城には秀吉の家臣である中川秀成が入った。岡城を総石垣の近世城郭に改修したのは、この中川氏の時代であるとさ

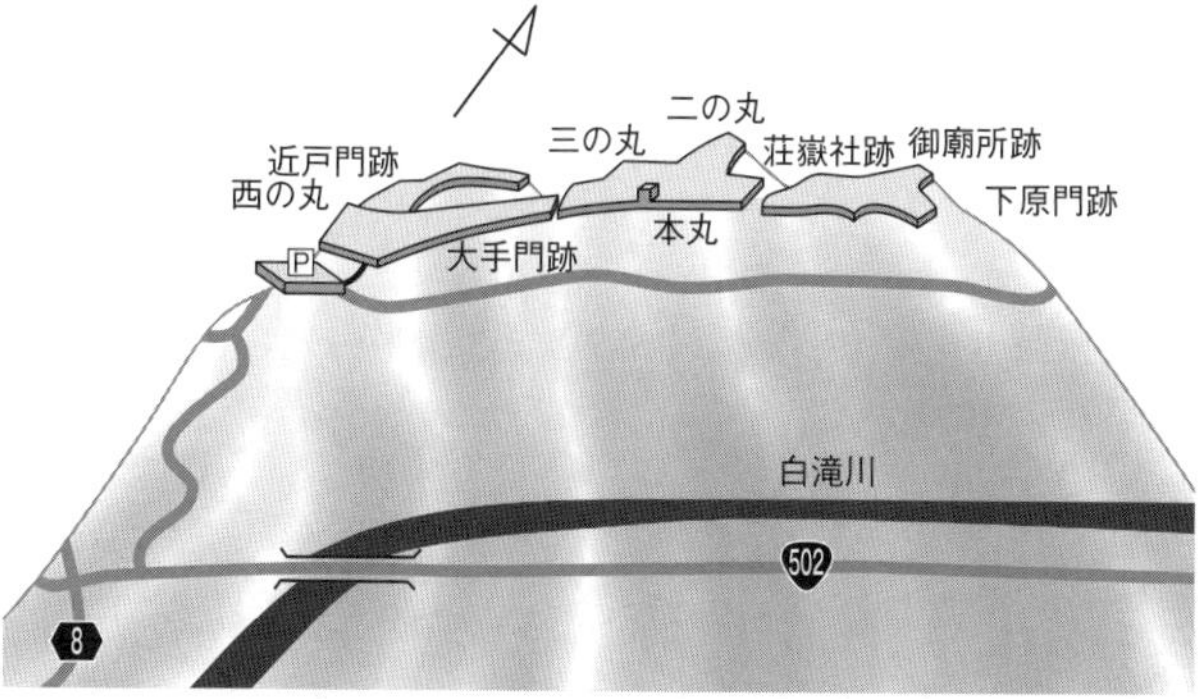

れる。また、このとき、それまで大手であった東側の下原門を搦手とし、西側を大手としている。

圧倒される高石垣

岡城へは、JR豊肥《ほうひ》本線豊後竹田駅からバスに乗って「岡城入口」で下車、車なら藩政の実務を取り仕切っていた惣役所の跡に駐車場がある。ここから歩いて大手口に向かおう。登城道は石段で、しかも側溝も設けられるなど、かなり手が込んでいる。道なりに進んでいけば大手門跡に至り、ここには櫓台石垣や礎石の一部などが残されている。礎石には戸車《とぐるま》のための溝も掘られており、門扉には戸車がついていたらしい。

大手門は、岡城の要衝に位置しているため、ここから城内の至るところに行くことができる。まずは、主郭部に向かってみよう。途中、かつて桜馬場と呼ばれていた幅広い直線の曲輪に出る。この北側の広い曲輪

三の丸の高石垣。「荒城の月」のモデルの一つになったという話もうなずける

には、家老の中川但見《たじみ》の屋敷と城代屋敷があったという。城代屋敷というのは、城主が参勤交代で江戸にいる間、留守を預かる城代家老が政務を執っていたところである。

そのまま進むと、西中仕切門の跡に至る。門の両側が切り立った断崖となっているため、登城道も狭く、敵が大軍で押し寄せても、通り抜けるのは容易ではなかったろう。さらに、門そのものが、敵の直進を阻むため、鉤《かぎ》状に折れ曲がっていた。

西中仕切門を進むと太鼓門の跡に至る。この門は、城内でもっとも大きな石材を使用していることからも明らかなように、重要な門だと考えられていた。この太鼓門を越えると三の丸で、寛文三年（一六六三）に西の丸が新設されるまで、城主の居館が建てられていたところである。西の丸に居館が移ってからは、武具庫として用いられていたという。ちなみに、三の丸の石垣が、城内でもっとも高い。

三の丸から北東に進んだところが二の丸である。唱歌「荒城の月」の作曲で有名な滝廉《たきれん》太郎《たろう》の像がここにある。この像は滝廉太郎と小学校の同窓生だった彫塑家《ちょうそか》朝倉文夫が昭和二十五年（一九五〇）に制作したものである。滝が岡城下の竹田に暮らしたことがあったことから、「荒城の月」の「荒城」は岡城がモデルとも言われる。ちなみに滝は、「荒城の月」を作曲してまもなく、二三歳で没している。

それでは、二の丸から本丸に行ってみよう。本丸の南西隅には、天守代用の御三階櫓があった。明和八年（一七七二）の火災で焼失した御三階櫓は、安政三年（一八五六）に再建されて幕末まで残されていたが、惜しくも明治維新後に解体されている。

本丸からさらに東へ進むと、南側斜面には平坦地がみえる。これらは、家臣の屋敷地であった。東中仕切門の跡を越えると、ほどなく、御廟所《ごびょうしょ》跡に至る。ここには、中川家先祖代々の位牌を安置する御廟所と、中川秀成の父にあたる藩祖中川清秀《きよひで》を祀った荘嶽社《そうがくしゃ》があった。

御廟所からさらに先端に進むと、下原門の跡に着く。ここが岡城の最東端に位置しており、戦国時代まで岡城の大手だったと考えられる重要な門である。東側の曲輪ではもっとも高い石垣で囲まれていた。

新設された西の丸

下原門が最東端なので、ここから西の丸に向かってみよう。西の丸は城域の西端に位置しており、城内の曲輪としてはもっとも広い。寛文三年（一六六三）に設けられ、城主の居館が建てられていたところである。

西の丸の北側には、中川民部《みんぶ》屋敷跡や中川覚左衛門《かくざえもん》屋敷跡がある。いずれも家老の屋敷であるが、礎石が残されているので、建物の形はだいたいわかる。

家老の屋敷群をみたら、近戸門《ちかどもん》に行ってみよう。近戸門は、中川秀成が新たに設けた門で、戦国時代には存在していない。城下町からの登城道が通じており、江戸時代には西の丸に城の中心が移ったため、特に重要視されている。

近戸門から七曲と呼ばれるつづら折りの道を下り、駐車場へと向かおう。そのあとは、竹田の城下町を探訪してから帰りたい。

越前大野城

えちぜんおおのじょう

福井県大野市
標高　約二五〇メートル
比高　約八〇メートル

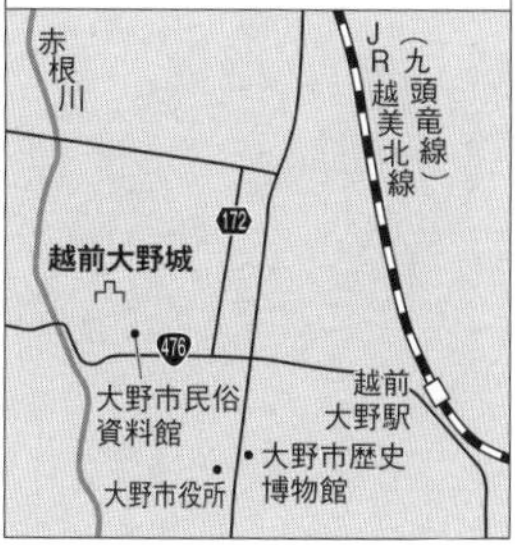

朝倉一族の居城

越前大野は、越前国の要地にあり、室町時代には、守護の斯波氏によって戌山《いぬやま》城が築かれていた。斯波氏は、室町幕府の管領に任ぜられる家格を誇っていたが、応仁・文明の乱で没落し、替わって、越前国では有力な国人の朝倉氏が台頭して守護となる。戦国時代、戌山城は、朝倉義景の重臣朝倉景鏡《かげあきら》の居城となっていた。

朝倉義景が織田信長と対立して滅亡すると、越前国には権力の空白が生じ、一向一揆が蜂起する。そのようななか、信長に降伏していた朝倉景鏡は、一向一揆によって殺害されてしまったのである。

天正三年（一五七五）、織田信長が一向一揆を鎮定すると、戌山城のある大野郡三万石は、一揆の鎮定に功のあった織田信長の家臣金森長近に与えられた。大野郡に入った長近は、当初、戌山城に入ったが、山城の戌山城では領国の統治に不都合だと考えたのだろう。すぐさま、平山城の越前大野城を築いたのである。

その後、越前大野城の城主は何家か替わった。しかし、天和二年（一六八二）、江戸幕府の大老となった土井利勝の子利房《としふさ》が入ると、以後、土井氏の居城として幕末に至る。

金森長近の改修

ＪＲ越美北線（九頭竜線）越前大野駅から歩いて三〇分ほどで、越前大野城が築かれている亀山の山麓に着く。亀山の標高はおよそ二五〇メートルで、大野盆地が朝霧に覆われると、付近の山頂から雲海に浮かぶ越前大野城を見ることができる。

越前大野城の三の丸は、大野藩の中興の祖土井利忠《としただ》を祀る柳廼社《やなぎのやしろ》などになっていて、二の丸は有終《ゆうしゅう》西小学校となっている。江戸時代の登城道は、この二の丸から続いていたが、現在は通じていない。その代わり、柳廼社の北側に模擬の城門が建てられて、ここから登城道が整備されている。

それでは、この城門から上ってみよう。百間坂を経て、およそ一〇分で本丸に至る。本

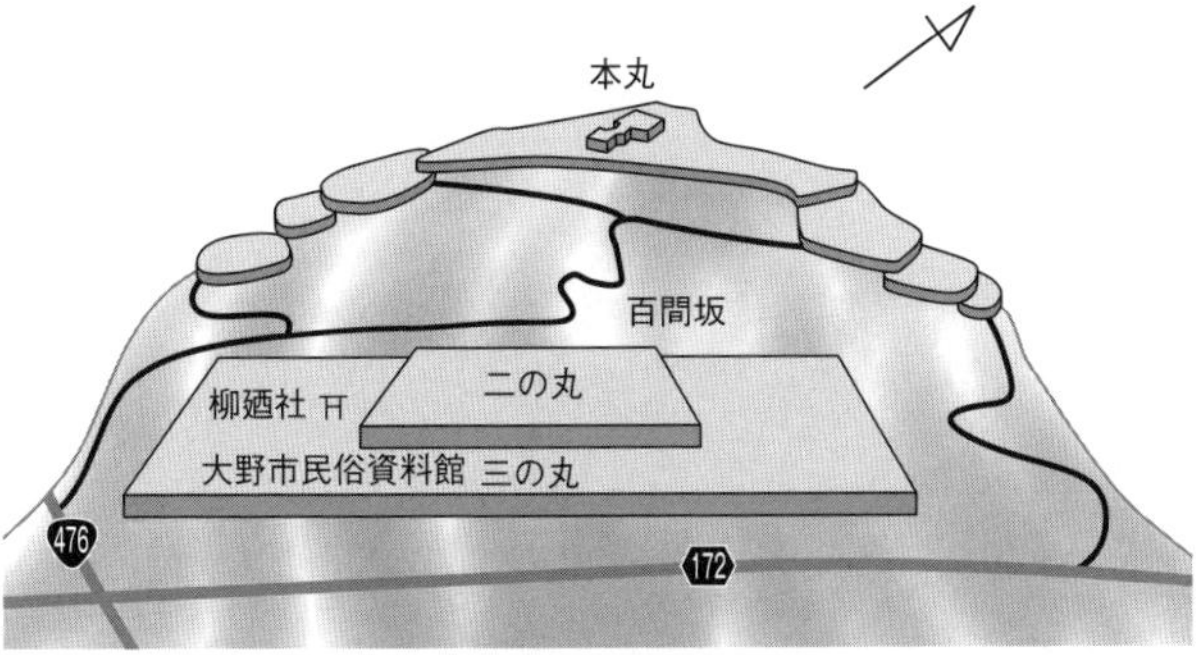

丸は東西約四〇メートル・南北約七〇メートルあり、高石垣に囲まれている。

本丸の入口に立つ銅像の主は、金森長近である。金森長近は、天正十年(一五八二)の本能寺の変後は羽柴秀吉に従い、天正十四年(一五八六)、飛騨国を平定して松倉城、さらには高山城に移っている。その後裔は、江戸時代に美濃郡上八幡《ぐじょうはちまん》城主になったが、失政の咎により改易とされ、旗本として存続している。

御殿のような天守

越前大野城の本丸には、かつて、金森長近によって建てられた天守群があった。具体的には、一重二階の天守に、小天守・天狗の間という三棟の建物が一体化したきわめて特異な形状であったらしい。残された絵図によれば、屋根は檜皮葺きであったらしく、見た目も御殿のようになっていた。

雲海に浮かぶ城として近年人気が高まっている越前大野城（写真提供：大野市）

残念ながら、天守は安永四年（一七七五）の大火で焼失してしまう。現在建てられている天守は、昭和四十三年（一九六八）に鉄筋コンクリート造で復興されたもので、金森長近の建てた天守を復元したものではない。内部は、歴代城主の遺品などを展示する資料館となっており、最上階からは白山連峰を一望することができる。

天守台の近くには、お福が池と名づけられた池がある。お福というのは、金森長近の正室の名前で、もともとは、徳川家康の侍女であったらしい。現在は、防火用水として用いられているが、当時は、飲料水として用いられたであろう。山上に湧き水があるのは、籠城時を想定した場合、重要なことだった。

越前大野城には、三つの登城道が整備されているので、来た道を引き返してもよいし、ほかの道を選んで下ってもよい。帰りには、柳廼社を参拝し、大野市民俗資料館にも寄ってみてはいかがだろう。少し離れたところには、大野市歴史博物館もある。

二本松城

にほんまつじょう

福島県二本松市
標高　約三五〇メートル
比高　約一二〇メートル

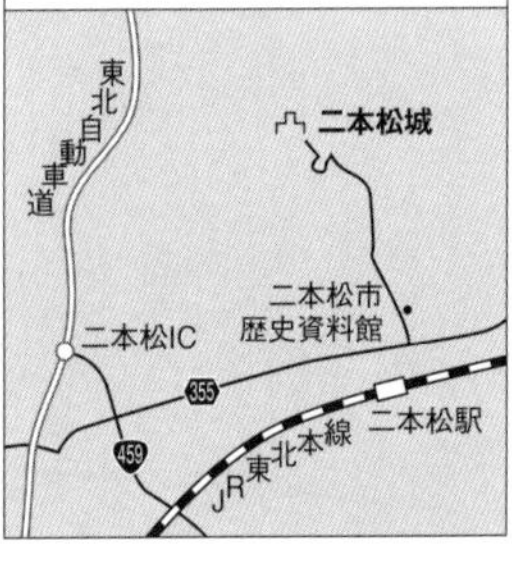

畠山氏の居城

二本松城は、室町時代以来、畠山氏の居城だった。畠山氏は室町幕府の管領に任ぜられる家格を誇り、その庶流が二本松城を本拠としていたのである。

戦国時代の城主畠山義継は、出羽国の米沢城から陸奥国への進出を図る伊達政宗と対立していた。天正十三年（一五八五）、義継は、政宗の父輝宗《てるむね》の斡旋《あっせん》により政宗と和睦するが、その御礼のために訪れた陸奥国の宮森城で政宗の父輝宗を連れ去ろうとしたところ、駆けつけた政宗によって、輝宗もろとも殺されてしまったのである。義継が輝宗を連れ去ろうとした原因はわからないが、輝宗による暗殺を疑ったためであるらしい。

二本松城

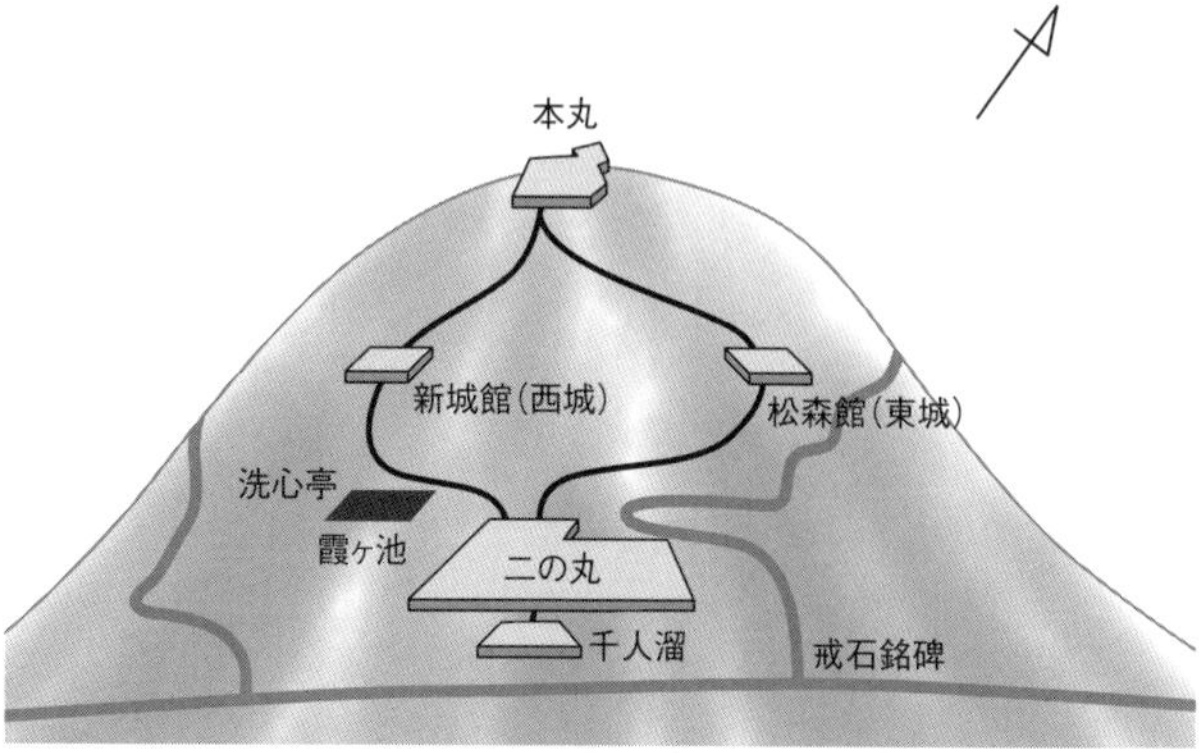

二本松城は、すぐさま、政宗による攻撃を受けることになった。このとき、畠山義継の子国王丸はわずか一一歳であったが、重臣の補佐を受けながら、猛攻をしのいでいる。それでも、援軍の見込みのないなか、抗戦の不利を悟ったのだろう。翌天正十四年（一五八六）、政宗による勧降に応じて降伏開城したのである。政宗は、二本松城に一門の伊達成実《しげざね》を入れて守らせた。

天正十八年（一五九〇）、豊臣秀吉の奥羽仕置により蒲生《がもう》氏郷《うじさと》が陸奥国の会津を与えられると、二本松城には城代として蒲生郷成《さとなり》が入る。以後、二本松城は、上杉景勝・加藤嘉明の時代に会津若松城の支城として整備され、石垣を使用した近世城郭に改修されていく。そして、寛永二十年（一六四三）、白《しら》河《かわ》から丹羽《にわ》光重《みつしげ》が一〇万石余で入ってからは、丹羽氏一〇代の居城として幕末に至った。

二本松少年隊

二本松城へはJR東北本線二本松駅から、徒歩およそ二〇分で山麓に着く。この山麓には、昭和五十七年（一九八二）、二階櫓・箕輪《みのわ》門・多聞櫓が建てられている。

城の入口にあたる千人溜は、出陣する兵が集まる場所であったという。ここには、二本松少年隊の像が建てられている。明治元年（一八六八）の戊辰戦争で、二本松藩は奥羽越《おううえつ》列藩《れっぱん》同盟に属したため、新政府軍が二本松に侵入してきた。このとき、一二歳から一七歳までの少年六二名が出陣して城下で防戦し、そのうち十数名の少年兵が戦死している。

復興された箕輪門を入ると二の丸である。箕輪門は、丹羽光重が修築したとき、城下の箕輪村から樫《かし》の材木を調達したことにちなむという。現在、箕輪門は二階櫓に接続しているが、当時、二階櫓は存在していなかったと考えられている。

二の丸の内部には居館が構えられており、奥は自然地形を利用した庭園となっている。山の斜面には茶室の洗心亭が建てられているが、これは、城内に唯一残る江戸時代の建物である。江戸時代には城外に移築されており、明治維新後、旧地に戻されたのだった。

山上の本丸

二の丸から登城道を上っていくと、新城館の跡に至る。ここは、畠山氏の時代に本城だったところで、発掘調査により焼土を埋めた痕跡が見つかっている。実際、伊達政宗は畠山国王丸の退去に際し、本丸を自焼することを和睦の条件としていたが、遺構からもこれが確認されたことになる。

さらに上って行くと、白旗ヶ峯と呼ばれる山の山頂に本丸がある。ここからは、城下はもとより、安達太良《あだたら》山も一望できる。

本丸は、北東隅に天守台、東と西に櫓台があり、多聞櫓でつながっていたらしい。かなり厳重に防備されていたことがわかる。天守台は、平成七年（一九九五）に修築復元されている。ただし、二本松城の天守台に天守が建てられた形跡はない。

来た道を引き返し、山麓まで下りたら、藩政時代の戒石銘《かいせきめい》を見ておこう。これは、寛延二年（一七四九）、時の藩主丹羽高寛《たかひろ》が藩士の戒めのため自然石に刻ませたもので、「爾《なんじ》の俸、爾の禄は民の膏《こう》、民の脂なり。下民は虐《しいた》げ易きも、上天は欺《あざむ》き難し」とある。藩士の俸禄は民のおかげでまかなえていることを忘れてはならないということである。

岩村城

いわむらじょう

岐阜県恵那市
標高　約七二〇メートル
比高　約一五〇メートル

遠山一族の興亡

伝承では、鎌倉時代の初め、源頼朝に従った加藤景廉《かげかど》が築いたとされるが、確証はない。戦国時代には、加藤氏の後裔を称する遠山氏の居城となっていた。

岩村城のある東濃《とうのう》は、信濃国・三河国との国境にも近い要衝で、遠山一族が割拠していた。そうしたなか、岩村城の遠山景任《かげとう》が一族をまとめ、信濃国から美濃国への進出を図る甲斐国の武田信玄と対峙した。景任は、織田信秀の妹を正室に迎えて織田氏と同盟しており、信秀の死後は、その子信長の支援を受けている。

元亀三年（一五七二）に景任が病没したとき、信長は実子の勝長に景任の跡を継がせた

岩村城

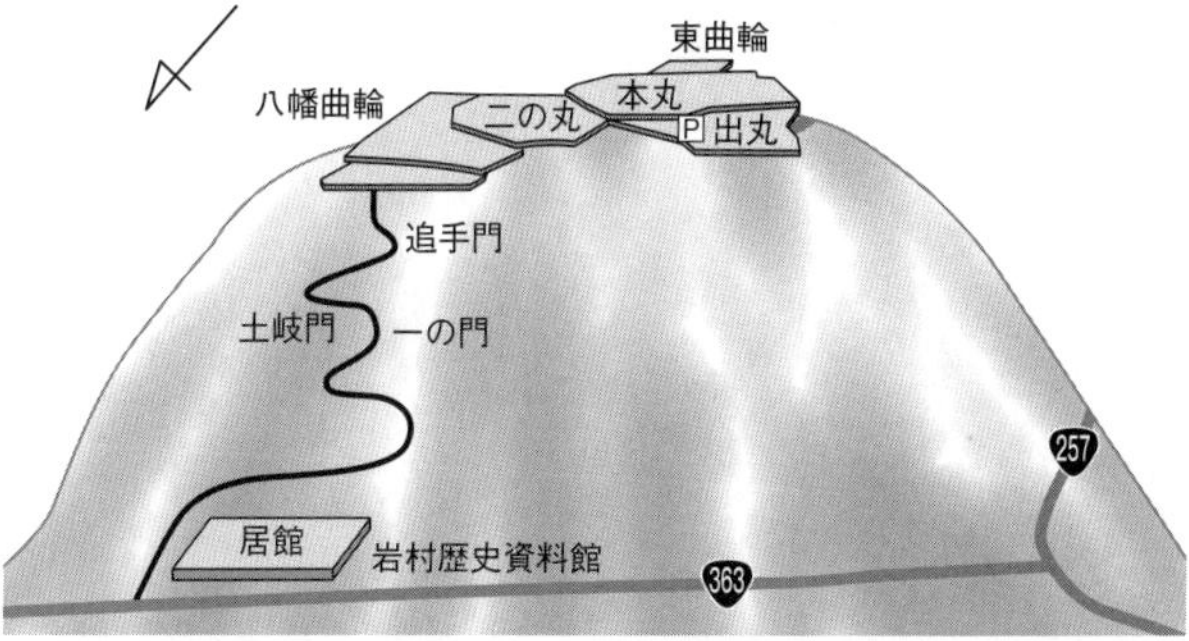

のだが、景任の死を知った武田軍の猛攻を受けることになってしまう。このとき、景任の正室であった信長の叔母は、武田軍の総大将であった秋山虎繁《とらしげ》に再嫁するという条件で降伏開城した。こうして、岩村城は武田方の属城となり、勝長は、甲府に送られてしまったのである。ちなみに、勝長はその後、信長のもとに返されたが、本能寺の変で討ち死にしている。

信長が岩村城を取りもどしたのは、長篠・設楽原の戦い後のことだった。岩村城には、信長の家臣河尻秀隆《かわじりひでたか》が入り、本能寺の変後には、やはり信長の家臣であった森長可《ながよし》が入っている。天正十二年（一五八四）、長可が小牧・長久手の戦いで討ち死にしたあとは、長可の末弟忠《ただ》政《まさ》が城主となり、このころまでに、岩村城は石垣造りの近世城郭に改修されたという。

慶長四年（一五九九）、忠政が信濃国の松代《まつしろ》に転封となり、代わりに田丸直昌《ただまさ》が入封する。しかし、翌年の関ヶ

写真の六段の石垣をはじめ、石垣が多く残る岩村城は「東洋のマチュピチュ」とも呼ばれる

原の戦いで田丸直昌は西軍について除封となり、戦後、徳川家康の家臣松平（大給《おぎゅう》）家乗《いえのり》が入った。松平家乗が入った当初は、山上に居館があったという。しかし、家乗は山麓に居館を築き、現在見られる姿の岩村城を完成させた。

山麓の居館

岩村城へは、明知鉄道の岩村駅で下車すると、徒歩約二〇分で岩村歴史資料館に着く。ここは、江戸時代の藩主邸があったところである。明治維新後には、岐阜県師範学校臨時出張所となるが、明治十四年（一八八一）に失火で焼失してしまう。平成二年（一九九〇）になって、太鼓櫓・表御門・平重門が復元されている。

また、この藩主邸跡には、藩校知新館《ちしんかん》の門が移築されている。知新館とは、「温故知新」の故事成語にちなむ。知新館は、元禄十六年（一七〇三）に開校しており、藩校としてはかなり古い。岩村藩は、儒学の最高権威と称えられた佐藤一斎《いっさい》を輩出しており、藩邸跡に銅像が建てられている。

山上の曲輪群には、林道を通って車でも行けるが、藩主邸脇の登城道から歩いて上ってみよう。藩主邸から続く藤坂の両側には侍屋敷が配されており、そのまま上れば一の門に至る。この一の門を越えて進むと、土岐《とき》門という名の門がある。その名は、岩村城の遠山氏が美濃守護であった土岐氏を破ってその城門を奪い、ここに移築したとの伝承による。現在、土岐門は、近在の徳祥寺に移築されているが、岩村城の遺構として大変に貴重なものである。

土岐門を越えると、ほどなくして追手門の跡が見える。追手門前には空堀が設けられており、江戸時代には橋が架けられていた。現在は橋がないため、堀底にいったん下りたあと、追手門脇まで上ることになる。追手門脇には、かつて三重櫓が建てられていた。岩村城には天守がなかったため、この三重櫓が象徴的な建物になっていたらしい。

追手門の先が八幡曲輪で、八幡宮が鎮座している。城内に神社を勧請している城はあるものの、遺構が残っているのは珍しい。八幡宮は、遠山氏の祖である加藤景廉を祀っていた。

　八幡曲輪から進むと、二の丸に至る。二の丸には、江戸時代、米蔵や武器蔵などがあった。二の丸から本丸に向かう途中、「六段の石垣」と呼ばれる高石垣が目に付く。この高石垣は、もともとは一段であったらしい。しかし、崩落を防ぐために補強が繰り返された結果、六段になったものである。

　六段の石垣の先には東曲輪があり、ここから本丸に入ろう。東曲輪と本丸の間にある長《なが》局《つぼね》埋門《うずみもん》が本丸の表門にあたる。文字通り、埋門という形式の門で、石垣の下をくぐる構造になっていた。石垣のうえには、渡櫓があり、ここを敵が通ったときには頭上から攻撃されたにちがいない。

　本丸は、東西約三二メートル・南北約六五メートルと、山城の本丸としてはかなり広い。もともとはここに居館があったとされるが、江戸時代には山麓に居館が移ったため、曲輪の周辺には櫓が建てられていたものの、内部に建物はなかった。

　なお、本丸の南東には出丸が飛び出た形となっている。出丸は元禄年間（一六八八〜一七〇四）に新設された曲輪で、現在は駐車場となっている。麓から車で来れば、ここまで上ってくることができる。

　帰りには岩村歴史資料館に寄ってみたい。岩村城に関する資料などが展示されている。

苗木城

なえきじょう

岐阜県中津川市
標高　約四三〇メートル
比高　約一七〇メートル

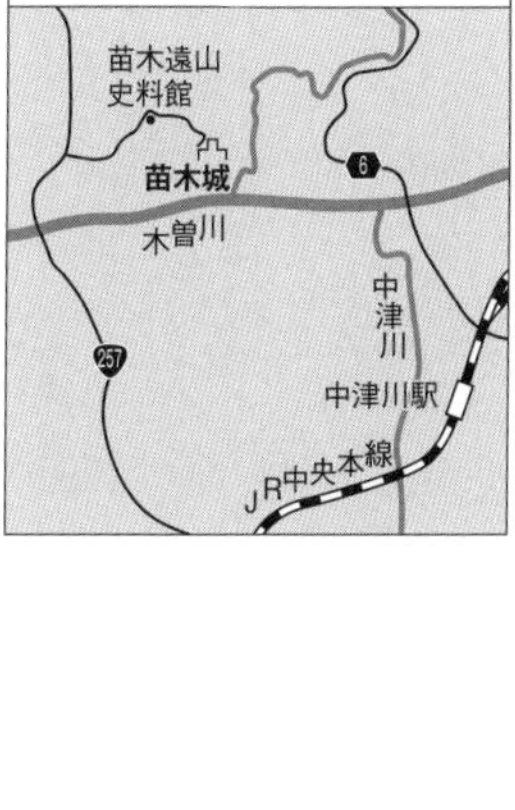

遠山氏の城

苗木城は、木曽川の北岸に位置する高森山に築かれている。岩村城と同じく、東濃に勢威を誇った遠山一族の居城であった。

戦国時代末期、時の城主遠山直廉《なおかど》は、織田信長の妹を正室に迎えて同盟するが、そのころ、東濃には信濃国を征圧した武田信玄が進出してくる。直廉は、自分の娘を信長の養女としたうえで、信玄の子勝頼に嫁がせた。こうして、遠山氏は織田氏と武田氏という二大勢力に挟まれながらも、生き残ることができたのである。

しかし、本能寺の変によって、遠山氏の立場は不安定なものになってしまう。信長の後継者となった豊臣秀吉が、美濃国の金山城を本拠とする森長可に命じ、東濃を押さえさせたからである。このとき苗木城主であった遠山友忠《ともただ》は長可への服属を拒む。そのため、苗木城は森長可に攻撃され、陥落してしまったのである。これにより、友忠とその子友政は、そのころは遠江国の浜松城にいた徳川家康を頼ることにした。

その後、苗木城は森氏の属城となり、森氏が信濃国に移ったあとは、河尻秀長《ひでなが》が城主となっている。しかし、慶長五年（一六〇〇）の関ヶ原の戦いで、河尻秀長は西軍につく。このとき、遠山友政《ともまさ》は家康の意向をうけて苗木城を奪還し、以後、遠山氏が一二代にわたって城主となっている。

現在見る形の苗木城は、遠山友政が改修したときの姿であるとされている。

珍しい懸《かけ》造り

ＪＲ中央本線中津川駅からバスに乗り、「苗木」で下車すれば、徒歩二〇分ほどで苗木遠山史料館に着く。ここから登城道があるので、車で来た場合には、苗木遠山史料館に駐車することもできる。

大手口から登城道を道なりに進むと、風吹《かざふき》門の跡に至る。風吹門は三の丸の正門で、門を越えると三の丸である。三の丸は、戦国時代には堀切だったところを江戸時代に埋めて

村上城

むらかみじょう

新潟県村上市
標高　約一四〇メートル
比高　約一三〇メートル

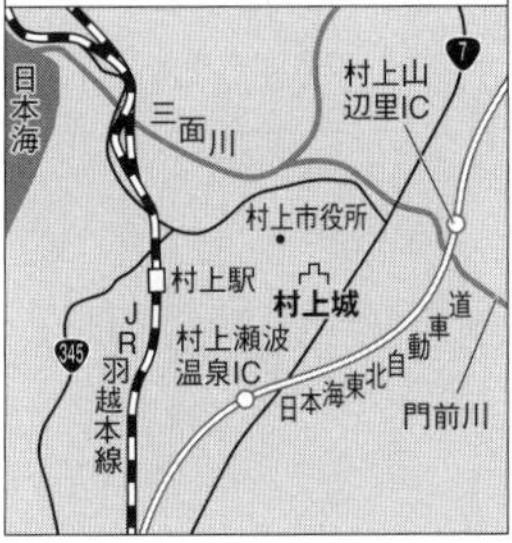

戊辰戦争で焼失

村上城は、もとはと言えば越後国の国人本庄《ほんじょう》氏の居城である。戦国時代の本庄繁長《しげなが》のとき、上杉謙信に降伏して従った。慶長三年（一五九八）、上杉景勝が陸奥国の会津に国替えとなった際、本庄氏にかわって豊臣秀吉の家臣であった村上頼勝《よりかつ》が村上城に入っている。この村上氏の時代から、村上城は石垣造りの近世城郭に改修されたという。しかし、村上氏は頼勝の養嗣子忠勝のとき、改易されてしまった。原因は家中の騒動とされるが、実際のところはよくわからない。

村上氏の改易後は、堀直寄《なおより》が村上城に入って改修を行い、このころにはほぼ完成したようである。しかし、江戸時代には藩庁や御殿は山麓の居館に移ったため、山上の曲輪群が利用されることはほとんどなかった。

堀氏が嗣子なく断絶したのち、村上城には御家門や譜代大名が何家か入っている。そして、享保五年（一七二〇）に譜代の内藤氏が入ると、九代続いて幕末を迎えた。明治元年（一八六八）の戊辰戦争で、村上藩は奥羽越列藩同盟に属したため、新政府軍の攻撃を受けてしまう。このとき、城主の内藤信民《のぶたみ》が病没したばかりであったこともあり、藩士は山麓の居館を自焼したうえ、新政府軍に投降したり、逃亡を図ったりした。こうした経緯もあり、村上城は、明治維新後、本丸以下の建物がすべて解体されている。

世にも珍しい四ツ門

村上城へは、ＪＲ羽越《うえつ》本線村上駅から徒歩でおよそ二五分、城山児童公園を目指そう。今は何もないこの城山児童公園こそ、山麓に設けられていた居館の跡である。居館は、村上城が築かれた臥牛《がぎゅう》山を背に、残りの三方を水堀と石垣で囲む城構えになっていた。しかし、現在は堀が埋め立てられたうえ、市街地となっているため、当時のおもかげは何もない。ここから、山上までは、七曲道と呼ばれる大手道が続いている。

七曲道を上りきったところが、四ツ門の跡である。四ツ門は、大手道と搦手道につなが

村上城

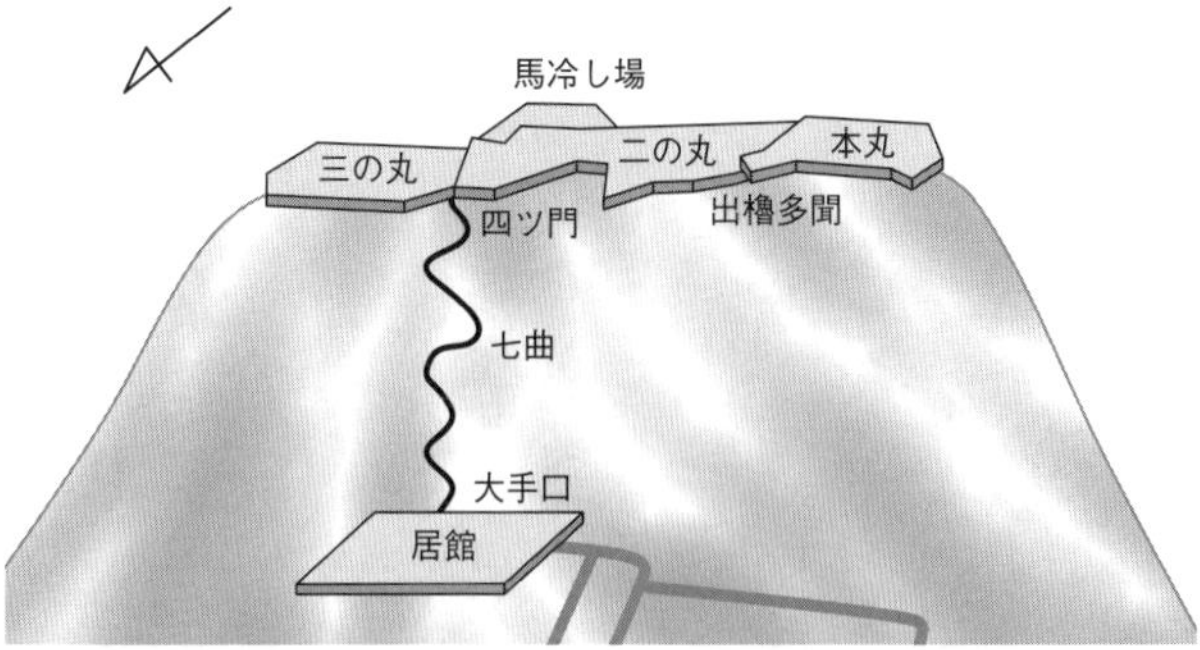

っているほか、二の丸と三の丸とをつないでいた。つまり、四方向に門扉があったわけだが、こうした構造の門はきわめて珍しい。

四ッ門から北に進めば、三の丸に至る。三の丸は、山上部の北端に位置し、櫓二基が建てられていた。三の丸から四ッ門を越え、ゆるい坂道を上っていくと二の丸の入口にあたる鐘門の跡に出る。鐘門は、枡形になっているなど、防御性は高い。この鐘門を越えたら、もう二の丸だ。

二の丸から、さらに南に位置する本丸へと向かうと、途中、飛び出た高石垣がある。当時は、この上に多聞櫓が建てられており、出櫓多聞と呼ばれる。出櫓多聞は、本丸への登城道を監視するために設けられていた。

出櫓多聞の下を通る登城道に設けられていた黒門は、上り専用と下り専用の二つの門が並ぶ構造になっていたことから、並門とも言う。ちなみに、東側が下通り門、西側が上通り門で、登城道も上りと下りでわかれていた。

　黒門の跡を越えれば、本丸の中心が見えてくる。そのまま、石垣を迂回するように東側を進むと本丸に至る。

日本海を一望

　本丸には、二の丸側の三方に二重櫓、入口に二重櫓というように四基の重層櫓があり、厳重に防備されていた。さらに、一段高くなっている南西隅には天守台が設けられており、かつては三重の天守が建てられていたのである。

　天守は、寛文七年（一六六七）の落雷で焼失してからは、一度も再建されていない。山上に瓦が見つかっていないので、柿葺きであったと考えられている。天守台からは、日本海までも一望できる。その眺望を堪能したら、二の丸と三の丸の境に位置する四ツ門まで戻ろう。四ツ門から坂中門方向に下ると、「馬冷し場」と呼ばれる水場がある。ここには井戸が残されており、城内の飲料水に用いられていたようである。

　井戸からは、坂中門を通り、山麓東側の搦手口に至るルートが続く。搦手口に下りてもよいし、いったん、四ツ門まで戻り、大手口に下ってもよいだろう。

笠間城

かさまじょう

茨城県笠間市
標高　約二〇〇メートル
比高　約一三〇メートル

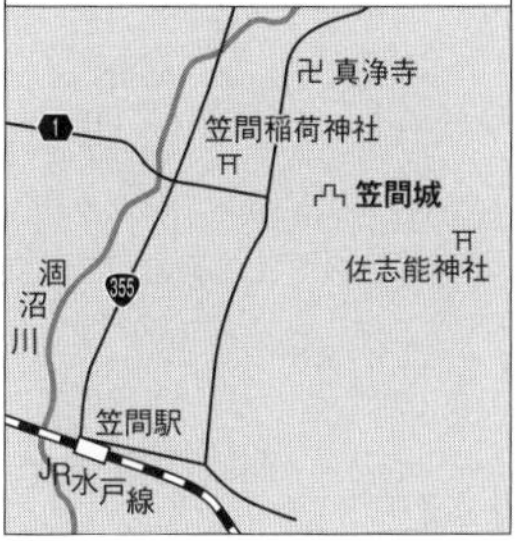

宇都宮一族笠間氏の城

笠間城は、もともと、下野国の名族宇都宮氏の流れをくむ笠間氏の居城であった。しかし、戦国時代、笠間綱家が宗家にあたる宇都宮国綱から離反し、常陸《ひたち》国に進出してきた相模国の北条氏に従属する。このため、天正十八年（一五九〇）、豊臣秀吉の命をうけた宇都宮国綱に追討され、笠間氏は滅亡してしまった。

このあと、笠間城は宇都宮国綱の属城となった。しかし、慶長二年（一五九七）には、秀吉の命により国綱自身が改易となっている。改易の理由は定かでないが、ほどなくして命を下した秀吉自身が死去してしまう。そのため、秀吉からの赦免《しゃめん》を得ることができなくなった国綱は、城主として復帰することもできず、失意のうちに没した。これにより、下野国に五百年にわたり覇を唱えた宇都宮氏は滅亡したのである。

慶長三年（一五九八）、陸奥国の会津から宇都宮城に入った蒲生秀行は、重臣の蒲生郷成を笠間城におく。この蒲生郷成によって、笠間城は石垣のある近世城郭に改修されたのである。

なお、慶長五年（一六〇〇）の関ヶ原の戦い後は、蒲生氏が会津に復帰し、笠間城には何家もの大名が入った。延享四年（一七四七）に牧野貞通《さだみち》が日向国の延岡《のべおか》から笠間に入ってからは、幕末に至るまで牧野氏が城主となっている。

「忠臣蔵」とのつながり

笠間城へは、ＪＲ水戸線笠間駅から笠間稲荷神社を目指そう。笠間稲荷神社は、歴代笠間城主の崇敬も篤かったという。その駐車場の横から進むと、大石良勝《よしかつ》の邸跡がある。大石良勝は、「忠臣蔵」で有名な大石内蔵助良雄《くらのすけよしお》の祖父で、笠間藩浅野氏の家老であった。藩主の浅野氏が播磨国の赤穂《あこう》に転封となる前、大石氏も笠間にいたというわけである。

大石邸跡からさらに上っていくと、かつては寺院であった笠間百坊跡に至る。江戸時代の笠間城は、この寺院跡も城内にとりこんでいた。笠間百坊跡のすぐ南側が千人溜と言わ

笠間城

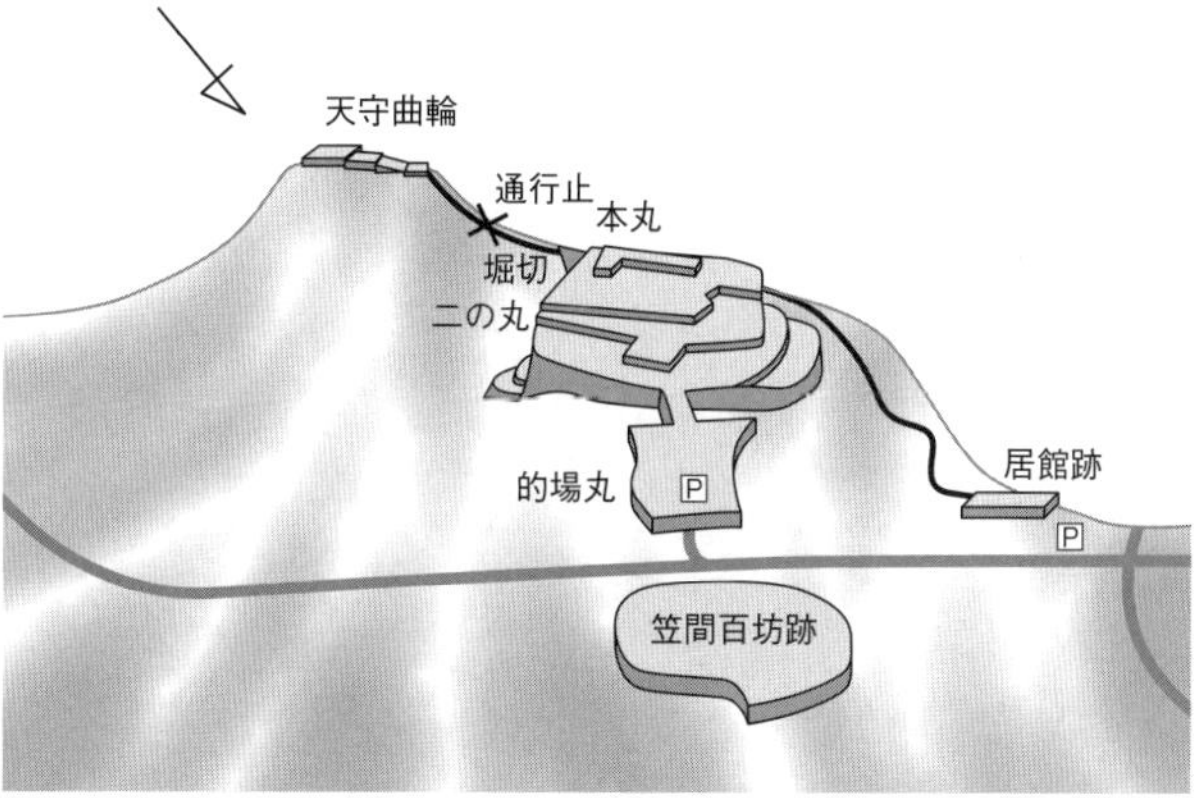

れる的場《まとば》丸で、現在は駐車場になっている。車で来た場合でも、車道は山上まで通じているが、一般車両は通行できないので、ここから歩いて上るとしよう。

的場丸の南には空堀が設けられており、土橋を渡ると大手門の跡である。大手門は枡形になっていて、防備は固い。大手門を越えると三の丸で、随所に石垣が用いられている。三の丸からはさらに進むと、二の丸を経て本丸に着く。

天守を解体して建てた神社

本丸は、東西約一四〇メートル・南北約七〇メートルとかなり広い。内部には居館があり、曲輪の周辺には宍ヶ《ししが》崎《さき》櫓や八幡台櫓といった櫓が建てられていた。ちなみに、八幡台櫓は、明治維新後、近在の真浄寺に払い下げられて移築されている。

なお、笠間城の最高所は、この本丸ではない。本丸より高い佐白《さしろ》山の山頂に、天守曲輪が築かれていた。天守曲輪は、本丸から堀切を挟んだ対岸にあるのだが、この堀切は幅が八メートルほどもあってかなり大きい。現在は土橋となっているが、当時は木橋が架けられていたという。

天守曲輪は、五段の高石垣で築かれており、登城道を上っていくと山頂に至る。江戸時代には二重の天守が建てられていたところで、佐志能《さしの》神社が鎮座している。佐志能神社は、もともとこの地に鎮座していたが、笠間城の築城とともに、山麓に遷《うつ》されたらしい。明治維新後、笠間城の廃城にともなって、旧地に戻った。社殿は、天守を解体したときの部材で建てられたと言われ、実際、木材には再利用された痕跡も見られる。

天守曲輪まで来たら、いったん本丸まで引き返そう。本丸からは、佐白山麓公園へ向かう登城道もある。その道を下っていけば、城主の下屋敷跡に着く。現在、時鐘楼《じしようろう》が復元され、大石内蔵助の像もある。

なお、東日本大震災による崩落のため、現在、天守曲輪に立ち入ることはできない。

鳥取城

とっとりじょう

鳥取県鳥取市
標高　約二六〇メートル
比高　約二六〇メートル

因幡守護山名氏の居城

鳥取城は、戦国時代、天神山城を本拠としていた因幡守護山名氏が出城として築いたことに始まるという。戦国時代には、山名豊国《とよくに》が、天神山城から移って鳥取城を居城としていた。

このころ、因幡国には安芸国の毛利輝元が進出を図っており、鳥取城の山名豊国は、毛利方につく。そのため、天正八年（一五八〇）、織田信長の命を受けた羽柴秀吉に攻撃されてしまう。抗戦の不利を悟った豊国は、因幡一国を与えるという織田方からの条件を受け入れて降伏したが、家老の中村春続《はるつぐ》と森下道誉《どうよ》らは納得しなかったらしい。豊国は鳥取城から追放され、代わりに、輝元の家臣吉川経家《つねいえ》が城将として鳥取城に入ったのである。

羽柴秀吉の鳥取城攻め

鳥取城を奪取できなかった秀吉は、翌天正九年、再び鳥取城を攻撃する。このとき羽柴秀吉は、鳥取城を完全に包囲し、毛利方からの兵糧補給も遮断した。この兵糧攻めは、秀吉自身が、「鳥取の渇《かつ》え殺し」と呼んでいる。兵糧の潰《つい》えた鳥取城では、経家が自身の命と引き替えに城兵の命を助けるように要請すると、秀吉もこれを了承したため、経家は自害して果てた。こうして、鳥取城は籠城四か月で開城し、毛利輝元は山陰における東進の拠点を失ったのである。

このあと、鳥取城には、秀吉の重臣宮部継潤《けいじゅん》が入ったが、その子長熙《ながひろ》は、慶長五年（一六〇〇）の関ヶ原の戦いにおいて、東軍から西軍に転じたことから改易となる。戦後、池田輝政の弟長吉《ながよし》が入り、鳥取城を改修した。この長吉によって、藩庁の機能はすべて山麓に移されたとされる。

このあと、長吉の子長幸《ながよし》は備中国松山に転封となり、代わりに、輝政の孫光政《みつまさ》が鳥取に入った。その後、光政の従弟にあたる光仲《みつなか》が備前国岡山から鳥取に入り、幕末まで一二代続いている。

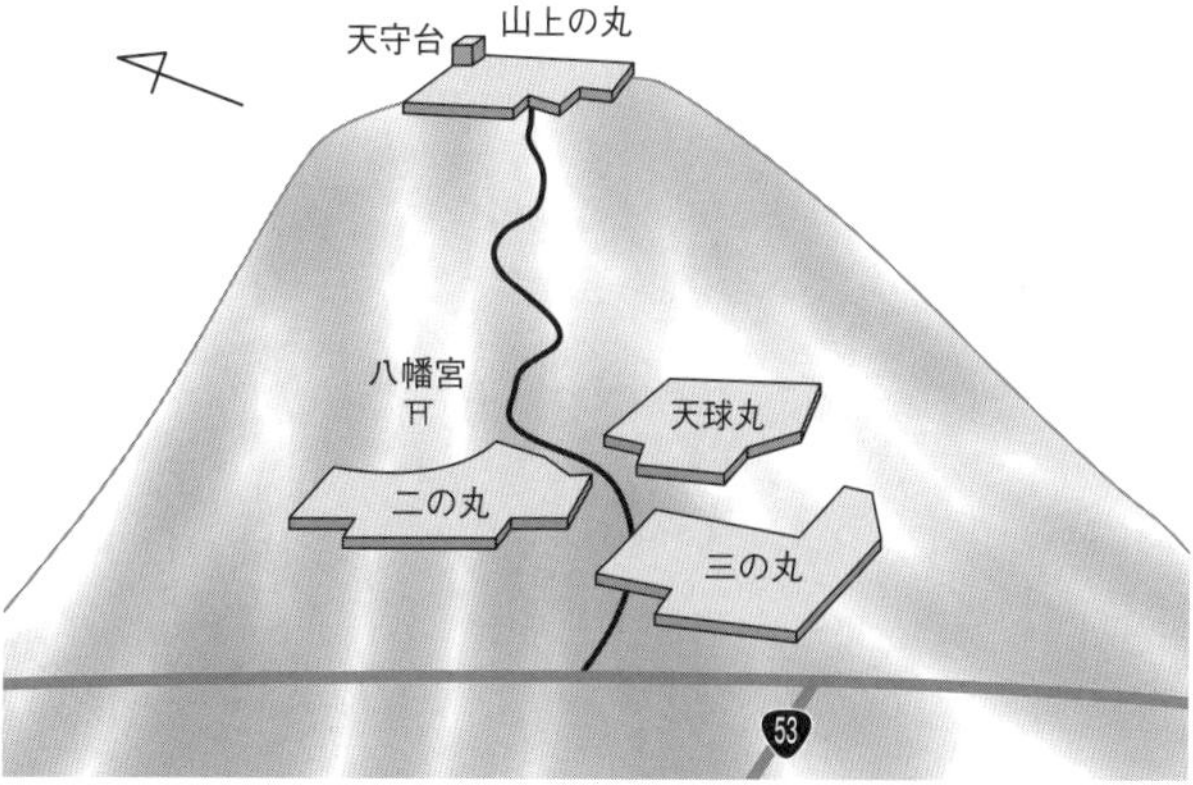

池田氏の時代

鳥取城へは、JR山陰本線鳥取駅からバスに乗り、「仁風閣《じんぷうかく》・県立博物館」あるいは「鳥取城跡」で下車する。県立鳥取西高校のあるところが三の丸で、三の丸を西に上がったところに二の丸がある。二の丸には、城主の居館などがあった。二の丸の北に位置する天球丸は、池田長吉の姉天球院が住んだことにちなむ。天球院は、若桜鬼ヶ城（166ページ）主山崎家盛の正室であったが、離別したあと、鳥取城内で暮らしていた。

二の丸の背後には、八幡宮の跡がある。八幡宮から急峻な登城道を三〇分ほど上ると、山上の丸に着く。山上の丸からは、鳥取市街はもちろん、鳥取砂丘や大山《だいせん》までもが一望できる。

山上の丸には、約二〇メートル四方の巨大な天守台がある。もともと山上の丸には、山名豊国が天神山城から移築した三重天守があったというが、確かなことはわからない。もし、このときから天守があったとすれば、秀吉による鳥取城攻めのときにはすでに天守が存在していたことになる。

それはさておき、鳥取城の天守は、池田長吉の時代に二重天守へと改築されている。三重の天守が風雪に耐えにくいため、あえて二重の天守にしたという。瓦も、凍って割れる恐れがあったため、屋根も柿葺きもしくは板葺きにしていたようである。しかし、こうして改築された天守も、元禄五年（一六九二）に落雷で焼失してから再建されることはなかった。

山上の丸からは、秀吉が鳥取城を攻めたときの本陣の跡である「太閤平《たいこうがなる》」に続いている。せっかくなので、「太閤平」に行ってから帰るとしよう。

岩国城

いわくにじょう

山口県岩国市
標高　約二二〇メートル
比高　約二〇〇メートル

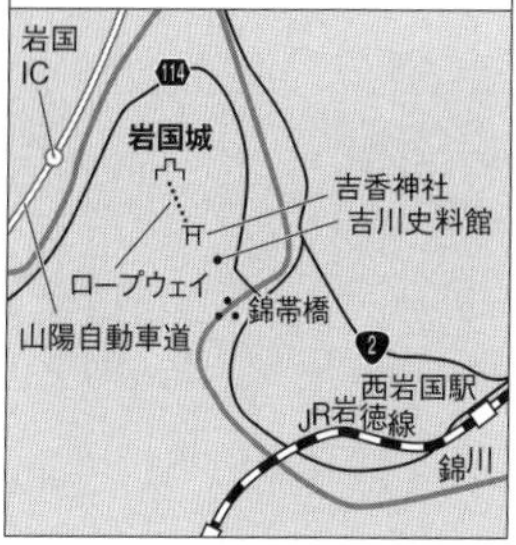

毛利氏を守った吉川氏

岩国城を築いたのは、毛利一族の吉川広家である。広家の祖父にあたる毛利元就は、嫡男の隆元に毛利氏を継がせると、次男の元春を吉川氏、三男の隆景を小早川氏の養子として送りこむ。こうして、吉川氏と小早川氏は、毛利氏を支えることになった。そのため、吉川氏と小早川氏の両氏を特に「毛利両川《もうりりょうせん》」と呼ぶ。

慶長五年（一六〇〇）の関ヶ原の戦いで、隆元の子で毛利氏を継いでいた輝元は、石田三成の誘いに応じて西軍の総大将として大坂城に入った。しかし、吉川元春の子広家は、西軍に勝機がないと見ていたのだろう。水面下では東軍の徳川家康に対し、内通を約束し

錦川にかかる錦帯橋の向こう側、横山の山上には岩国城の復興天守が見える

ていたのである。
戦後の論功行賞により、毛利輝元は改易となり、吉川広家には周防国と長門国で三六万石余が与えられることになった。しかし、毛利氏の存続を望む広家は、恩賞として与えられるはずだった三六万石余を輝元に譲り、自らは家老に甘んじることにしたのである。
それまで出雲国の富田城（73ページ）を居城としていた吉川広家は、周防国の岩国に入った。安芸国との国境を固め、山陽道を押さえるためである。このとき、広家は、横山の山上に四重天守を持つ城を築き、山麓には居館を設けたのだった。

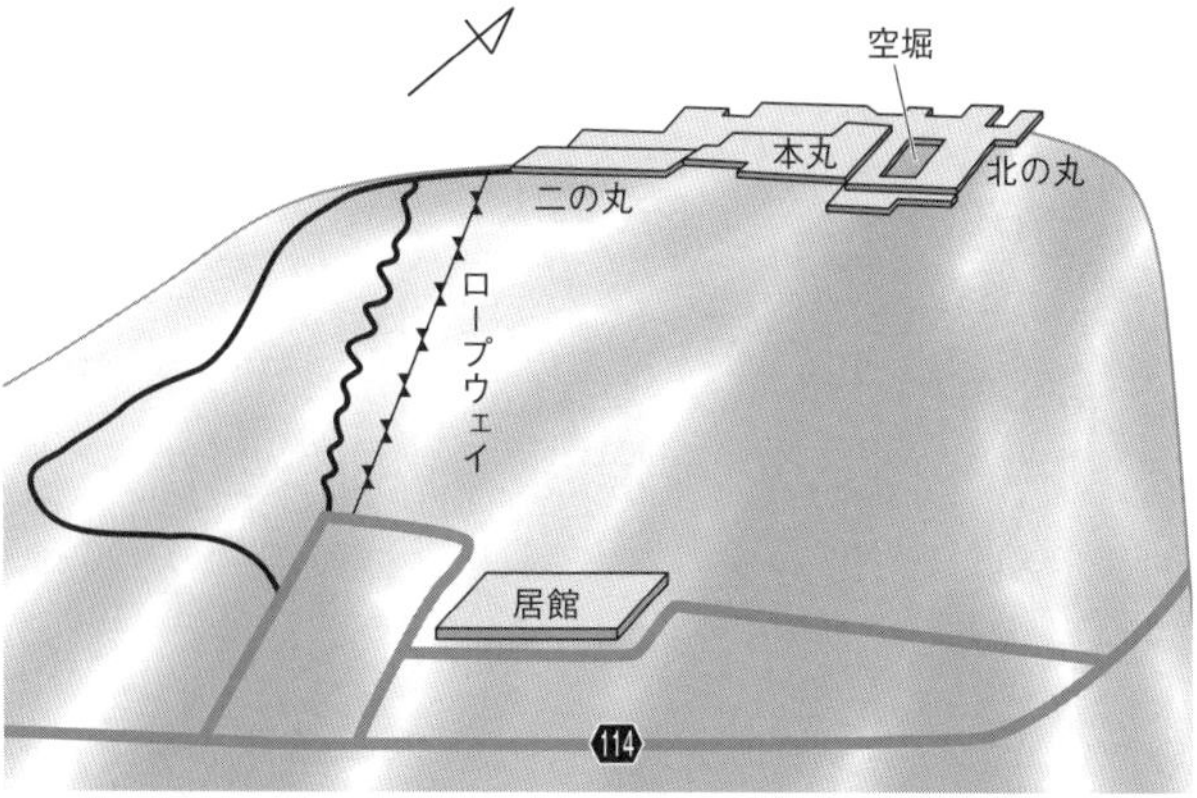

唐造の天守

岩国城へは、ＪＲ山陽本線岩国駅からバスに乗り、「錦帯橋」で下車してから錦帯橋を渡る。当時も、城下からは錦帯橋を渡らなければ、岩国城に入ることはできなかった。言わばこの錦帯橋の下を流れる錦川が、天然の堀となっていたわけである。

登城道は、岩国藩五か寺の筆頭であった洞泉寺などがある紅葉谷から続いており、およそ三〇分で、ロープウェイの山頂駅に着く。ちなみに、山麓からロープウェイを利用すれば、ここまでは三分である。山頂駅から道なりに進むと出丸があり、大手門の跡を越えると二の丸に入る。

二の丸の北が本丸で、ここに天守が聳えている。ちなみに、この天守は昭和三十二年（一九五七）、当時の絵図をもとに鉄筋コンクリートで復興されたものである。ただし、場所は本来の天守台の上ではなく、錦帯橋からよく見える場所に建てられている。岩国城の天守は、三重目と四重目が下部より張り出した唐造と呼ばれる形で、天守台は、江戸時代に破却されたときの石垣を用いている。

本来の天守台は、復興天守から北西に三〇メートルずれた場所にある。天守台も長らく崩落したまま放置されていたが、近年、発掘調査の成果をもとに積み直された。

本丸から空堀を越えると北の丸に至る。この空堀は、幅約二〇メートル・長さ約六〇メートルもあり、城内でもっとも大きい。堀底には、石材が散乱しているが、これらはすべて、壊された石垣の残骸である。

山麓の居館

北の丸が岩国城の最北端にあたるので、途中、大釣井《おおつるい》と呼ばれる井戸を見ながら山麓に下ろう。吉川家墓所を参拝しながら、ロープウェイの山麓駅まで行くと、その先に吉川氏の氏社《うじやしろ》である吉香《きっこう》神社が鎮座している。

この吉香神社の境内が、岩国城の山麓居館があったところである。居館の背後は山で、三方を一五～二〇メートル幅の水堀で囲むなど、防備を固めていた。岩国城が完成したのは、慶長十三年（一六〇八）のことだったが、七年後の元和元年（一六一五）、一国一城令が公布されると、毛利領内の支城ということで山上の曲輪群は破却されてしまう。以後、山麓の居館だけが使われることとなった。明治時代に、御殿や櫓などは取り壊されたが、神社の境内となっていたため、石垣など遺構の残りもよい。

このあとは、吉川氏歴代の遺品を展示する吉川史料館に立ち寄ってから、帰るとしよう。

佐伯城

さいきじょう

大分県佐伯市
標高　約一四〇メートル
比高　約一三〇メートル

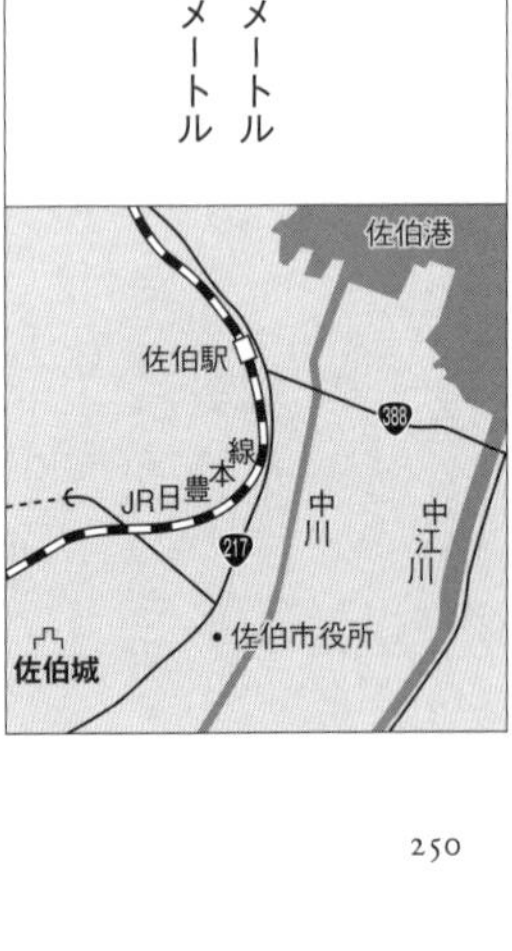

関ヶ原の戦い後に築かれた山城

古来、佐伯城のある豊後国海部《あまべ》郡を治めていたのは、栂牟礼《とがむれ》城を居城とする佐伯氏であった。佐伯氏は豊後国の戦国大名大友氏に従っていたが、文禄二年（一五九三）、豊臣秀吉によって主君大友義統が改易された際、所領を失ってしまう。

慶長五年（一六〇〇）の関ヶ原の戦い後、佐伯に入封したのが、豊後国日田郡二万石の大名であった毛利高政（171ページ）である。毛利氏を称しているが、安芸国の郡山城を本拠とした毛利氏とは血縁関係はない。もともとの姓は森と言ったが、天正十年（一五八二）、羽柴秀吉に従って備中高松城を攻めた際に和睦の人質として毛利方に送られたところ、毛

佐伯城

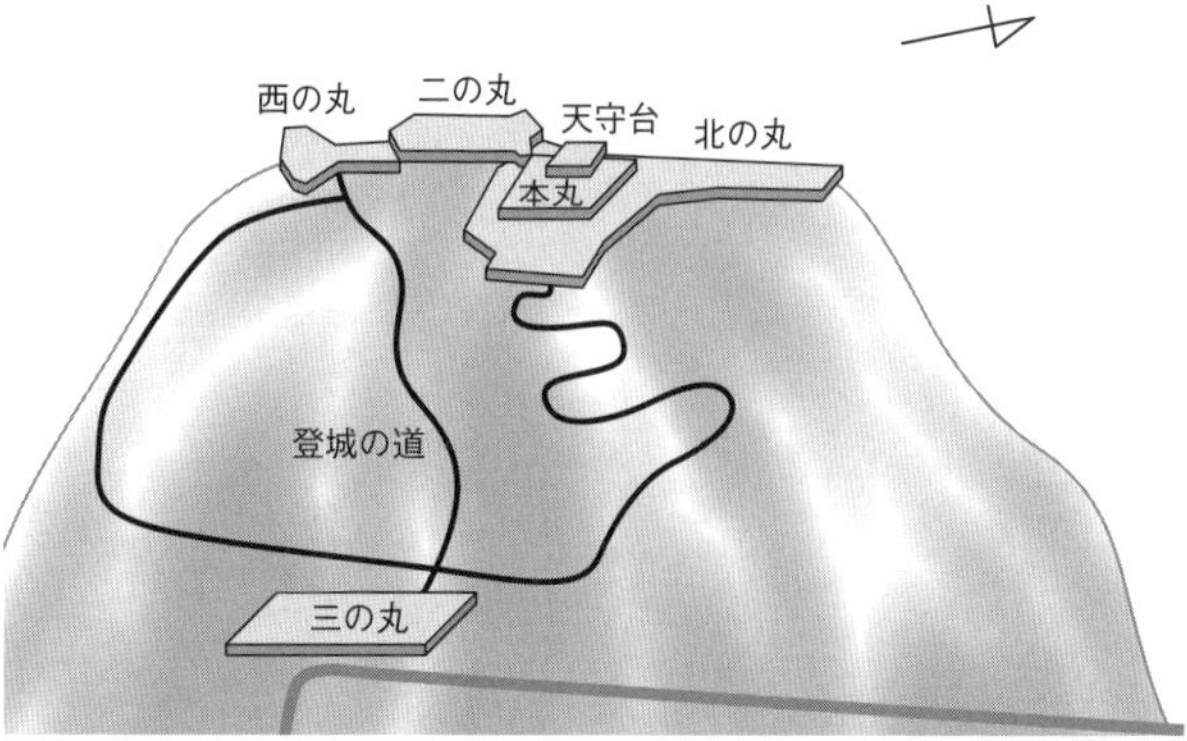

利輝元に気に入られて毛利姓を名乗るようになったという。

高政は、毛利輝元との因縁から、当初、西軍につく。しかし、途中から東軍に転属したため、佐伯二万石を与えられたのである。佐伯に入った高政は、佐伯氏の居城であった栂牟礼城を廃し、番匠川の河口近くの北岸にある八幡山に新たな城を築く。これが佐伯城である。つまり、佐伯城は、関ヶ原の戦い後に築かれた珍しい山城ということになる。ちなみに、八幡山の名は、京都の石清水八幡宮が勧請されていたことに由来するという。

以来、佐伯城は、毛利氏一二代の居城として幕末を迎えた。

豊後水道を望む

佐伯城へは、ＪＲ日豊本線佐伯駅からバスに乗り、

「大手前」で下車する。そこから、「黒門」を目指そう。この「黒門」が、佐伯城に残る唯一の建物である。

黒門を越えると、三の丸である。当初、佐伯城の城域は山上の部分だけであったが、寛永十四年（一六三七）、山麓に三の丸が設けられ、居館が移された。御殿の建物は残されておらず、現在は、佐伯文化会館が建てられている。

山上の曲輪群には、その背後から上ることになる。現在、三つの登城道が整備されているが、本来の登城道は「登城の道」と名づけられているので、迷わずこちらを選ぼう。およそ二〇分で西の丸に着く。

西の丸は、二の丸の南から飛び出た形の出丸である。曲輪の突端には二重櫓があった。西の丸から、急勾配の石畳を上って北に向かえば、城門跡の先に二の丸がある。

二の丸には、三の丸が整備される前まで、城主の居館があった。三の丸に城主の居館が移ったあとは城番が守備するだけであったが、毎年正月には、城主以下が山城に上り、二の丸御殿で祝宴を催したという。ただし、明治維新後に建物はすべて撤去されたため、現在は何も残っていない。

二の丸から先に進むと、堀切を越えたところに本丸がある。佐伯城の本丸は、天守曲輪と、それを取り巻く帯曲輪の二段から構成されているのだが、帯曲輪から天守曲輪に入ることはできず、二の丸から天守曲輪に架けられている橋を渡って天守曲輪に入る形になっていた。この橋は、屋根のある廊下橋であったらしいが、いずれにしても、有事の際には橋を落として、敵が天守曲輪に侵入できない仕組みになっていたのである。

天守曲輪には三重の天守があったとされるが、雷火により焼失したあとは、再建されなかったらしい。ここからは、佐伯湾はもちろん、遠く豊後水道を望むことができる。

本丸から北に進むと、食い違い門の跡があり、これを越えると北の丸に至る。北の丸は、文字通り、北端に位置する出丸で、突端には二重櫓があった。

北の丸に構えられた水の手門を下ると、雄池・雌池に至る。これは、谷筋を二段にわたってせきとめた貯水池で、飲料水にも用いられていた。現在、ここには、オオイタサンショウウオが棲息しているという。

津和野城

つわのじょう

島根県鹿足郡津和野町
標高　約三七〇メートル
比高　約二二〇メートル

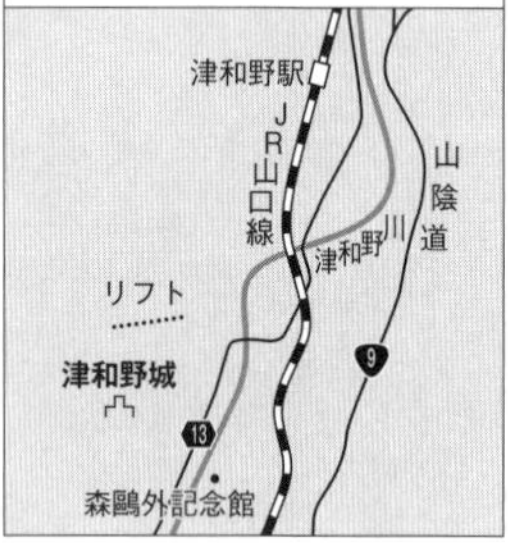

「千姫《せんひめ》事件」の坂崎直盛《さかざきなおもり》が改修

津和野城は、もともとは、石見国の国人吉見《よしみ》氏の居城で、三本松《さんぼんまつ》城と言った。天文二十年（一五五二）、大寧寺の変で陶晴賢が大内義隆を討ったとき、城主の吉見正頼《まさより》は敵討ちの兵を挙げている。正頼の正室が大内義隆の姉だったからである。このため、天文二十三年、三本松城は陶軍に包囲されたが、正頼は、半年間にわたって猛攻をしのぐ。その後、陶晴賢は安芸国で挙兵した毛利元就と厳島に戦って敗れ、吉見正頼は元就に従った。しかし、そのために慶長五年（一六〇〇）の関ヶ原の戦いでは西軍につくこととなり、戦後、所領を失ってしまったのである。

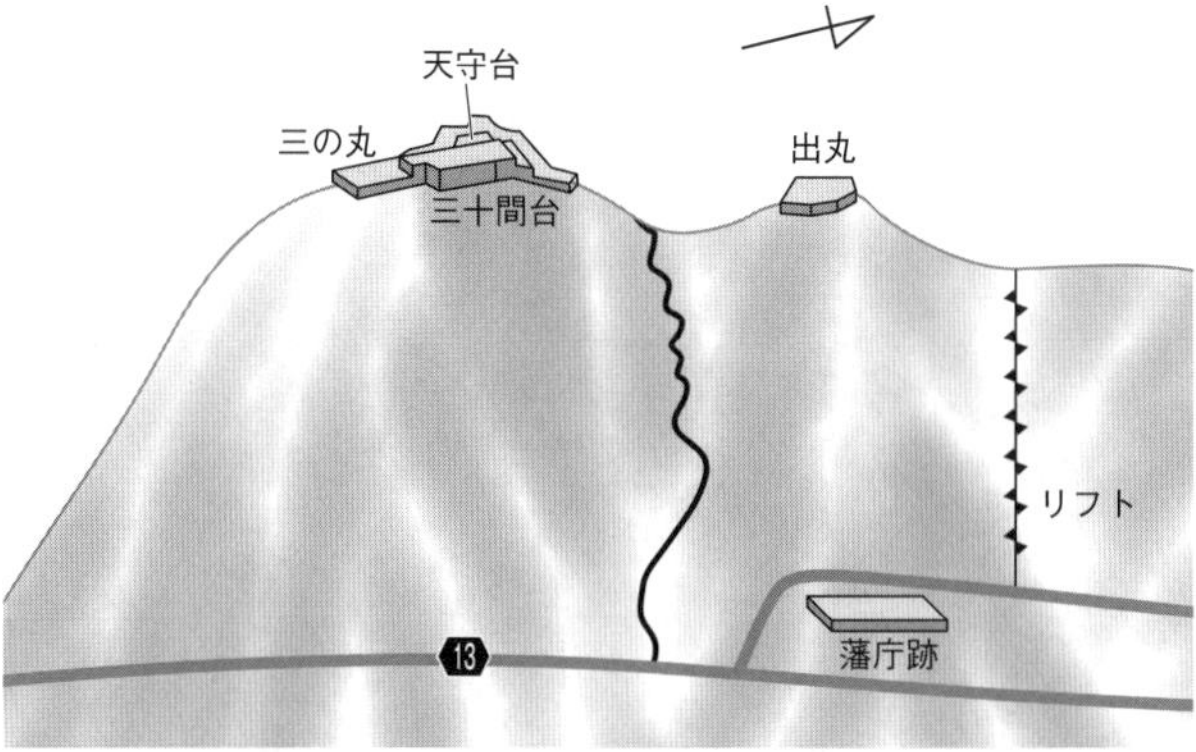

代わって津和野に入ったのが、坂崎直盛だった。直盛は、もともとの名は宇喜多詮家《あきいえ》と言い、宇喜多秀家の従兄弟にあたる。しかし、秀家と折り合いが悪く、関ヶ原の戦いでは西軍についた秀家から離れ、東軍についていたのだった。津和野城が現在見る姿に改修されたのは、坂崎氏の時代であったという。

しかし、坂崎直盛は元和二年（一六一六）、大坂の陣で豊臣秀頼と死別した千姫が本多忠刻《ただとき》に再嫁する行列を襲撃する計画を立てたとして追討され、自害を遂げている。いわゆる「千姫事件」であるが、真の原因についてはよくわかっていない。このあと、津和野城には亀井政矩《まさのり》が入り、亀井氏が一一代続いて幕末に至った。

出丸と本城

津和野城へは、ＪＲ山口線津和野駅から徒歩二〇

山上に美しい石垣を今に残す津和野城

分ほどで着く。標高約三七〇メートルの霊亀山《れいき》の山上に見える石垣のある場所が津和野城である。秋には、朝霧の雲海に浮かぶ津和野城の姿も見ることができる。

観光リフトで山上に行くこともできるが、せっかくなので、江戸時代の登城道である大手道から歩いて上ってみよう。津和野城は、天守台などのある本城と、本城から北に二〇〇メートルほど離れた出丸から構成されている。本城と出丸の間の谷間を通る登城道を上って行けば、およそ三〇分で山上に着く。

ここから北に向かえば出丸に至る。この出丸は、坂崎直盛の重臣浮田《うきた》織部《おりべ》が普請を行ったことから織部丸という。中世以来の縄張を踏襲し、石垣で改修されている。

それでは、来た道を引き返し、本城へと向かおう。出丸から南に一〇分ほど歩くと、大手道を越えたところで東門の跡に至る。東門は大手道から本城内に入る最初の門で、三の丸に続く。

三の丸は、西方と南方にのびた尾根上にある。入ってすぐのところには、平櫓が三段に建てられており、三重櫓のように見えたという。この三段櫓からは、まず、西のほうに向かってみよう。そこには、馬をつなぎとめていたとされる馬立《うまたて》、料理を作っていたとされる台所などが建てられていた。

そこから、南に向かうと南端には、南門櫓の跡がある。登城道は中国自然歩道として城外に続くが、いったん引き返して二の丸に向かうとする。二の丸は本丸の北にある細長い曲輪で、北東の飛び出た部分が太鼓丸である。太鼓丸から鉄門櫓を越えると本丸に至る。

本丸は、三十間台・天守台・人質曲輪から構成されているが、珍しいことに、天守台のある場所は最高所ではない。本丸の最高所にあるのは三十間台で、ここからは津和野の城下が一望できる。本丸の南端にあるのが人質櫓で、一〇メートルほどの高石垣が築かれている。

津和野城の天守台は、三十間台よりも一段低いところにあり、ひとつの曲輪を構成している。ここには、三重の天守が建てられていたが、貞享三年（一六八六）の雷火で焼失したという。以後、天守が再建されることはなかった。

天守が焼失した火災で、本丸と二の丸の建物も焼失したという。その後も、三の丸の櫓などは残されていたが、明治維新後、山麓の櫓二基を残してすべて解体されている。津和野城で現存しているのは、山麓の藩庁として用いられていた馬場先櫓と物見櫓だけである。この貴重な遺構を見てから帰ることにしたい。

備中松山城《びっちゅうまつやまじょう》

岡山県高梁市
標高　約四九〇メートル
比高　約四〇〇メートル

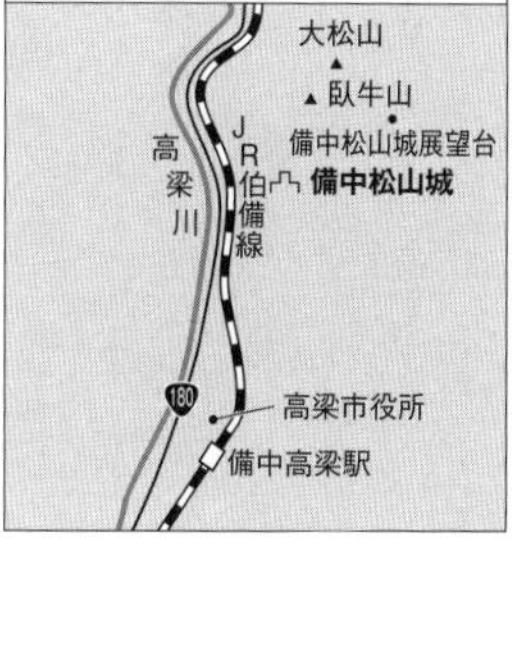

現存する天守

日本国内に、松山城という名の城はいくつもある。そのため、旧国名を冠して備中松山城と呼ばれることが多い。また、地名から高梁《たかはし》城と呼ばれることもある。

備中松山城は、備中国の中心に位置し、古来、争奪戦が繰り広げられてきたところである。この城を戦国時代に押さえたのは、備中国の有力な国人である三村家親《みむらいえちか》であった。城が築かれている臥牛《がぎゅう》山は、大松山・天神丸・小松山・前山という四山で構成されているが、家親は、それまで大松山だけを城域としていた備中松山城を、小松山まで拡張している。

そのころ、備中国には、出雲国の尼子氏と安芸国の毛利氏が進出を図っており、尼子氏

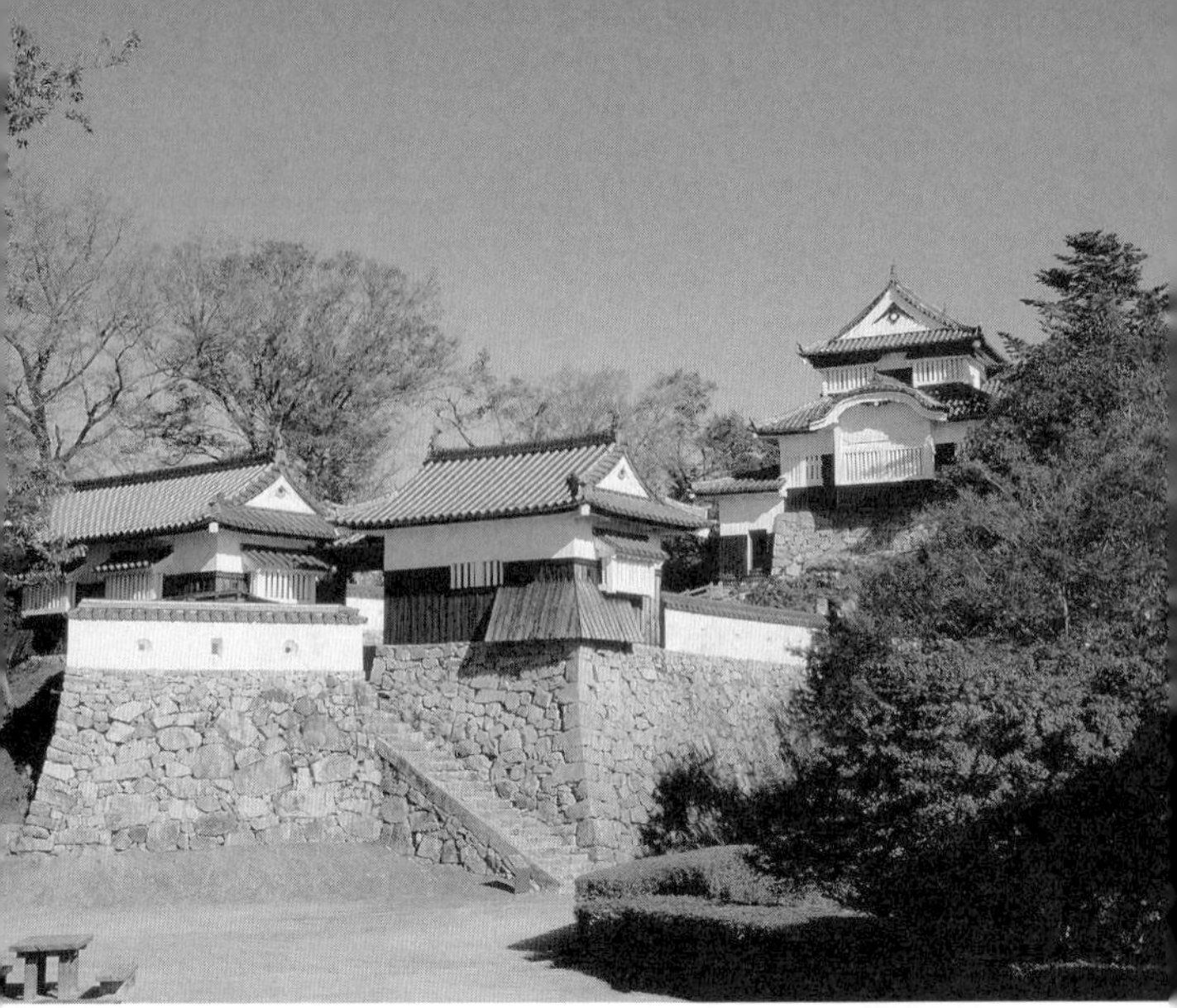

天守は江戸時代のもので重要文化財。平成に入り、本丸の復元整備が行われた

が尼子晴久の死によって弱体化するなか、家親は毛利氏と結んで勢力を拡大していく。こうして、家親が備中国を平定する勢いを見せていたのだが、尼子氏と結ぶ備前国の宇喜多直家《なおいえ》に暗殺されてしまったのである。

家親の子元親《もとちか》は、毛利氏に従って地位を保ったが、元亀三年（一五七二）、足利義昭の仲裁で毛利氏と宇喜多氏が和睦すると、元親はそのころ備中国への進出を図っていた織田信長について毛利氏に反旗を翻す。このため、天正三年（一五七五）、備中松山城は、毛利・宇喜多連合軍に包囲されて落城し、元親は自害を遂げたのである。

こののち、備中松山城は毛利氏の属

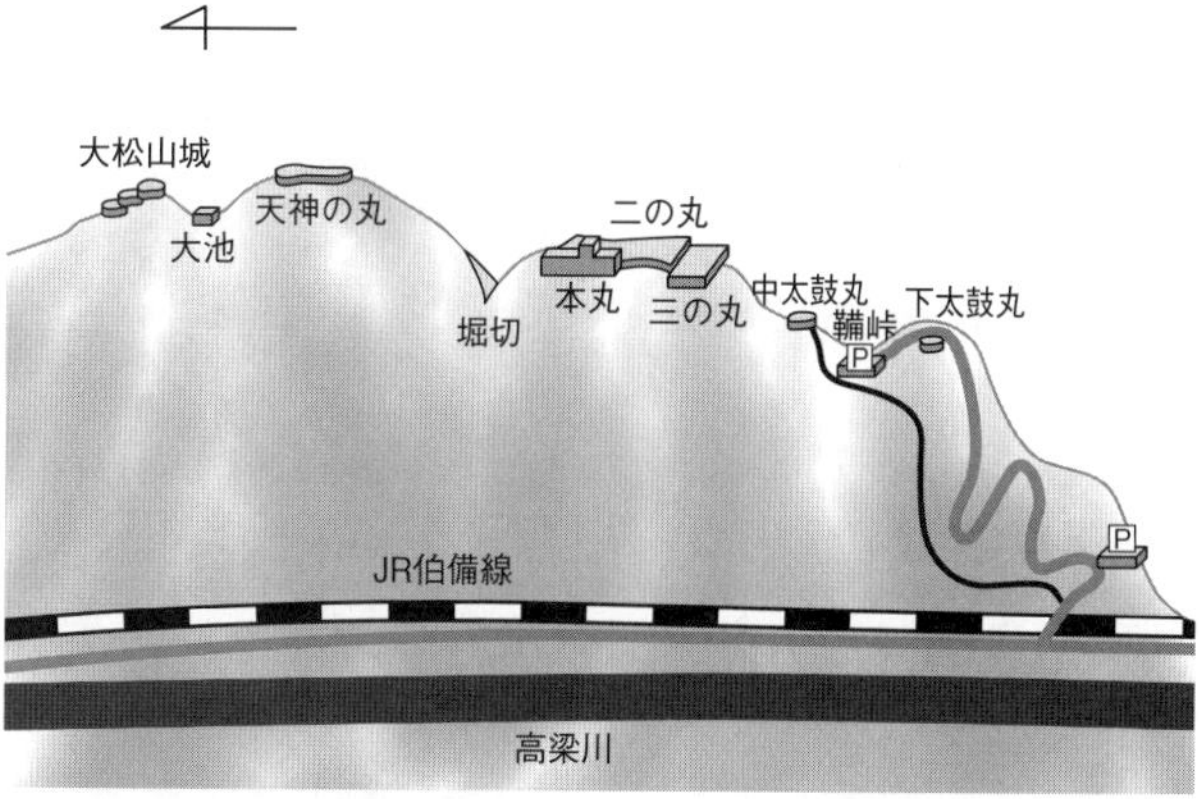

城となったが、慶長五年（一六〇〇）の関ヶ原の戦い後、毛利輝元が周防国・長門国に転封となり、天領に組み込まれた。そして、備中松山城は、備中総代官として入った小堀正次・政一《まさかず》父子によって修築されることになったのである。ちなみに、小堀政一は、受領《ずりょう》名の遠江守から遠州と呼ばれており、茶人・作庭家の「小堀遠州」としても知られている。

　その後、寛永十九年（一六四二）、常陸国の下館を本拠としていた水谷勝隆《みずのやかつたか》が入ると、その子勝《かつ》宗《むね》によって、小松山の城域が近世城郭に改修された。現存する天守・二重櫓などの遺構は、このとき整備されたものである。

江戸時代の備中松山城

備中松山城へは、ＪＲ伯備《はくび》線備中高梁駅で下車

秋から冬にかけては、雲海に浮かぶ城が見られる（写真提供：岡山県観光連盟）

し、高梁高校を目指そう。石垣で囲まれた高梁高校の敷地のなかに、山麓の居館があった。

登城道は、この居館跡から続いており、およそ四〇分で下太鼓丸の下に至る。下太鼓丸は、臥牛山を構成する前山の頂上に設けられた出丸で、居館を防備するところであった。なお、下太鼓丸の先の鞴《ふいご》峠までは、場合によっては車で来ることも可能である。

鞴峠から中太鼓丸を経れば、二〇分ほどで大手門の跡に着く。当時は、石垣の上に櫓門があり、侵入を阻んでいたわけである。

大手門を越えると三の丸に入る。この三の丸には番所があり、警備の城兵が詰めていたと考えられている。三の丸から、さらに進むと、細長い厩曲輪を通り、二の丸に至る。二の丸は、城内最大の曲輪で、門前の石段や礎石も残っている。二の丸から南御門と呼ばれる表門をくぐると、ようやく本丸に着く。

本丸に建てられている天守は二重で、決して大きくはない。しかし、もっとも高いところにある現存天守として、大変に貴重な遺構と言える。現在、天守は西側面の廊下から入ることになっているが、当時は、「八の平櫓」から、渡り櫓を経て廊下に至り、天守に入る構造になっていた。

ちなみに、明治維新後、天守をはじめとする備中松山城の建物は、払い下げられたものの搬出に費用がかかるため放置され、そうこうするうちに、保存運動が起こって修復されたという経緯がある。南御門と左右にある「五の平櫓」と「六の平櫓」は近年の復元だが、天守と、二重櫓は江戸時代からの現存である。

本丸の北側には、「九の平櫓」がある後曲輪と、「十の平櫓」がある水の手門脇曲輪がある。ここまでが、小松山に築かれた近世の備中松山城の城域だった。

戦国時代の備中松山城

さらに北は、戦国時代まで城の中心であった大松山へとつながっている。余力があれば、せっかくなので、大松山まで足をのばしたい。

小松山からさらに二〇分ほど上ると、天神の丸に至る。ここが、標高四八七メートルに位置する臥牛山の山頂である。江戸時代に天神社を祀っていたことから、天神の丸と言う。

天神の丸の先には、大池がある。石垣で囲まれた貯水池で、ちょっとしたプールほどもあって、かなり大きい。日常の飲料水として用いられたものであろう。籠城時には、大いに役立ったものと思われる。

さらに進めば、中世の備中松山城の中心であった大松山城に至り、ここには「大松山城跡」の碑が建てられている。ここまでが、備中松山城の全城域ということになる。

なお、城が築かれている臥牛山と谷を挟んで北側の山には「備中松山城展望台」があり、時期によっては朝霧の雲海に浮かぶ城を見ることができる。臥牛山から向かうこともできるが、夜間の移動は危険なので、朝に改めて車で向かったほうがよいだろう。

おわりに

思い起こしてみると、山城に行った経験は、小学生のころにさかのぼる。城好きな父に連れられて、休日には各地の城を訪ねたし、家族旅行の行き先は必ず城ということになっていた。家族で沖縄に旅行したとき、海で泳ぐことなく山城巡りをして帰ってきたのは、我が家くらいなものだろう。それから三十年近くが過ぎたいま、自分が小学生になった我が子と一緒に山城を歩くにつれ、血は争えないものだとつくづく感じる。

本書で紹介した「天空の城」のなかには、小学生の我が子と一緒に歩いた城もある。今では、ロープウェーやリフト、あるいは車で山頂付近まで上ることができる山城も少なくない。小学生でも簡単に「天空の城」を楽しむことができるのは、ありがたいことである。もっとも、そうした交通網の整備が遺構の破壊につながっているのも確かなので、賛否両論はあろう。ただ、遺跡も、関心を持って訪れる人がいなければ保存していくことは難しい。脚光を浴びる竹田城も、山上の樹木を伐採するなど、当時の環境に戻す努力がされていればこそ、「天空の城」として維持していけるのである。樹木を伐採するなどの整備がされなければ、石垣は樹木の根によって破壊され、城跡全体が自然の山に戻ってしまう。

本来、城は政治的な権力の象徴であり、城下から仰ぎ見ることができるように、山上の樹木はすべて伐採されていた。樹木が生えていれば、包囲した敵に隠れる場所を与えることになってしまうので、軍事的な意味でも、樹木を伐採する必要があったのである。

しかし、もはや城は政治的・軍事的には必要な存在ではない。ほとんどの山城には樹木が生い茂り、城があったことさえ忘れられている城跡すらある。逆に言えば、ただの山にしか見えていない山城も、整備されればきっと「天空の城」として再び脚光をあびることになるだろう。

遺構としてすばらしい城は、本書で取り上げた五〇城のほかにもある。ただし、登城道が整備されていなかったり、樹木に覆われて遺構の存在すらわからないような城跡では、これから山城歩きをされる方に勧めることはとてもできない。そうした城は、残念ながら紹介することからして断念せざるをえなかった。樹木に覆われているような山城は、葉が落ちる晩秋から冬の時期でなければ、遺構もわからない。整備された山城に慣れてから、樹木に覆われている山城に挑戦してみてもいいと思う。

「天空の城」の歩き方に決まった方法はない。本書では最後に本丸に到達するルートを紹介したが、先に本丸へ行ってみるのもいいだろう。本丸から周囲の曲輪に行ったほうが、あるいは全体の位置関係を把握しやすいかもしれない。また、博物館や資料館を最後にまわるようにしているが、これはまったくの個人的な性格の問題である。予備知識を持たずに山城に行くほうが、意外性があって楽しいと思っているだけのことで、もし予備知識を持って歩きたいと思われる方は、まず博物館や資料館に行かれたほうがいいかもしれない。

山城には、四百年ほどの昔、人々が命を懸けて戦った場所がそのまま残されている。景色を楽しむだけでは、あまりにももったいない。本書を片手に「天空の城」を歩き、歴史のロマンに触れていただければ望外の喜びである。ただ、山城は、自然災害などで、登城道が通行できなくなっていることもある。歩くときには、まず現地の案内板を見て、その指示に従っていただければと思う。

最後に、本書の執筆を勧めていただいた平凡社地図出版の石川順一氏、編集を担当していただいた岸本洋和氏、これまで山城の取材にご一緒した碧水社の清水淳郎氏に感謝の意を表したい。また、幼少のころより山城に連れて行ってくれた父母、そしていま、家族旅行と言いながら山城歩きに付き合ってくれている妻子にも、この場を借りて感謝したい。

二〇一五年四月

小和田泰経

主要参考文献

『日本城郭大系』全一八巻・別巻二巻（児玉幸多・坪井清足監修、新人物往来社、一九七九～一九八一年）
『図説中世城郭事典』全三巻（村田修三編、新人物往来社、一九八七年）
『名城を歩く』全二四号（ＰＨＰ研究所、二〇〇二～二〇〇四年）
『よみがえる日本の城』全三〇号（学習研究社、二〇〇四～二〇〇六年）
『週刊名城をゆく』全五〇号（小学館、二〇〇四～二〇〇五年）
『週刊日本の城』全一二一号（デアゴスティーニ・ジャパン、二〇一三～二〇一五年）
『歴史読本　特集　戦国の城を歩く』（新人物往来社、二〇〇七年）
『歴史読本　特集　織田・豊臣の城を歩く』（新人物往来社、二〇〇八年）
『歴史読本　特集　徳川三〇〇諸侯の城を歩く』（新人物往来社、二〇〇六年）
『別冊歴史読本　城を歩く　その調べ方・楽しみ方』（中井均編集、新人物往来社、二〇〇三年）
『別冊歴史読本　城の楽しい歩き方』（木戸雅寿編集、新人物往来社、二〇〇四年）
『別冊歴史読本　城歩きハンドブック』（中井均編集、新人物往来社、二〇〇五年）
『城館調査ハンドブック』（千田嘉博・小島道裕・前川要著、新人物往来社、一九九三年）
『城破りの考古学』（藤木久志・伊藤正義編、吉川弘文館、二〇〇一年）
『城郭探検倶楽部』（中井均・加藤理文著、新人物往来社、二〇〇三年）

『戦国の城』（小和田哲男著、学習研究社、二〇〇七年）
『戦国の城を歩く』（千田嘉博著、筑摩書房、二〇〇九年）

【著者】
小和田泰経（おわだ やすつね）
1972年、東京都生まれ。歴史研究家。國學院大學大学院文学研究科博士課程後期退学。専門は日本中世史。著書に『家康と茶屋四郎次郎』（静岡新聞社）、『戦国合戦史事典 存亡を懸けた戦国864の戦い』『兵法 勝ち残るための戦略と戦術』『朝鮮三国志 高句麗・百済・新羅の300年戦争』『朝鮮王朝史』（以上、新紀元社）、『別冊太陽 歴史ムック〈徹底的に歩く〉織田信長天下布武の足跡』（小和田哲男共著、平凡社）など。

平 凡 社 新 書 7 7 3

天空の城を行く
これだけは見ておきたい日本の山城50

発行日——2015年5月15日 初版第1刷

著者———小和田泰経
発行者——西田裕一
発行所——株式会社平凡社
東京都千代田区神田神保町3-29 〒101-0051
電話 東京（03）3230-6580［編集］
東京（03）3230-6572［営業］
振替 00180-0-29639
印刷・製本—株式会社東京印書館
装幀———菊地信義

ISBN978-4-582-85773-3
NDC分類番号521.823 新書判（17.2cm） 総ページ272
平凡社ホームページ http://www.heibonsha.co.jp/